Análisis del Desarrollo Internacional

Estudio de los Factores y Procesos de Cambio en el Mundo

Antonio Salas Martínez

Jesús Velázquez Valadés

Héctor Javier López Miranda

José Luis Verdugo Hernández

Noviembre 2015

"Análisis del Desarrollo Internacional" ®

ISBN: 978-0692383315

BSC

B Side Collection ™

INDICE

Migración e Inmigración México-Estados Unidos, Violación a Los Derechos Humanos y Abuso Por Parte de Autoridades

Ana Laura Rodela Soto

Sumario: I. *Introducción*, II. *Violación a los DDHH por parte de autoridades*, III. *Derechos humanos de los migrantes*, IV. *Conclusión*, V. *Reflexión y alternativas*, VI. *Bibliohemerografía.*

Según las Naciones Unidas, el número de personas involucradas en movimientos migratorios ha crecido sostenidamente en la segunda mitad del siglo XX y los datos disponibles indican que las personas nacidas en un territorio diferente al que residían sus padres en 1965 eran 75 millones y que en el año 2002 esa cifra llego a aproximadamente 175 millones (Pellegrino, 2002)

En la segunda mitad del siglo XX, la migración hacia los países desarrollados, fundamentalmente hacia los Estados Unidos, se convierte en uno de los fenómenos sociales de mayor envergadura para algunos países latinoamericanos. A partir de 1961 México se convierte en el primer país proveedor de inmigrantes a Estados unidos. (pellegrino, 2004).

El tópico del flujo migratorio ha adquirido cada vez más importancia tanto del lado mexicano, como del estadounidense. Las dimensiones económicas, demográficas y políticas de éste fenómeno lo han colocado como un tema si bien no prioritario, sí recurrente en la agenda bilateral y nacional de cada país. Lamentablemente no ocurre lo mismo cuando se trata de ligar el tema con los Derechos Humanos, (Garcia, 2005) sin embargo la presión de diferentes actores internacionales han obligado a los Estados a prestar más atención a este delicado tema, sobre todo, cuando se trata de abusos de autoridad a migrantes dentro de sus mismos dominios.

Este trabajo pretende hacer una remembranza a los abusos en los que se incurre por parte de las autoridades estatales y agentes de migración hacia los inmigrantes y hablar sobre el trabajo para la observación y protección de los derechos humanos, específicamente dirigido a ésta situación para llevar a cabo una reflexión y brindar propuestas viables para su solución.

I. Introducción

Sin lugar a dudas la migración ilegal es un complejo problema internacional que pone en duda la capacidad de los países para resolver esta situación, que acarrea conflictos sociales, políticos culturas e ideológicos por mencionar algunos.

Es bien sabido que los inmigrantes se exponen a cientos de peligros al tratar de introducirse a un país de manera ilegal.

Su peligrosa travesía comienza desde la negociación con los llamados "coyotes" o "polleros" delincuentes que les garantizan ser llevados a Estados Unidos por un costo elevado, mucha de las veces estos sujetos abandonan a las personas a su suerte poniendo en riesgo su vida.

Cuando las condiciones económicas de los inmigrantes no les permiten pagar a un "coyote" estos se aventuran a cruzar solos la frontera y es cuando se enfrentan a extremas condiciones geográficas y riesgos naturales.

Un peligro más para este grupo vulnerable, son las bandas delictivas que asaltan, golpean, extorsionan y abusan sexualmente de los inmigrantes extranjeros que se internan en México, pretendiendo utilizar alguna frontera para adentrarse en Estados Unidos y los inmigrantes mexicanos que por su parte también son víctimas de estos abusos en el lado americano.

Con el Memorándum de entendimiento entre la Secretaría de Gobernación y la Secretaría Relaciones Exteriores de los Estados Unidos Mexicanos y el Departamento de Seguridad Interna de los Estados Unidos de América sobre la repatriación segura, ordenada, digna y humana de nacionales mexicanos (SEGOB-S.R.E, 2004) se han impulsado programas que buscan proteger la vida y los derechos de los migrantes mexicanos sin documentos que se internan en Estados Unidos, asimismo, el gobierno estadounidense por medio de su Departamento de Seguridad Interna, ha impulsado medidas de cooperación Binacional, sobre todo en materia de capacitación a cuerpos de rescate mexicanos, mientras tanto, los gobiernos de ambos países siguen siendo cuestionados por las restrictivas políticas que han implementado para detener el flujo de migrantes indocumentados, tales medidas parece que lejos de alcanzar sus objetivos han generado mayores riesgos y aumentado el número de muertes.

En la actualidad, la frontera entre México y Estados Unidos se ha convertido en una de las más peligrosas del mundo, ya que en promedio mueren trece personas por día al año. El problema se acentúa debido a la creciente militarización de la frontera, dada la presencia de una mayor cantidad de agentes de la Patrulla Fronteriza, apoyados por seis mil Guardias Nacionales que han sido entrenados para funciones muy distintas a las de vigilar y manejar adecuadamente una frontera. La situación se ha agravado por la presencia de grupos paramilitares, sobre todo en Arizona, que intentan evitar la entrada de indocumentados a territorio estadounidense, y que pretenden apoyar las labores de la patrulla fronteriza. Paradójicamente, los resultados no son nada halagüeños. (DURAND, 2008)

II. Violación a los DDHH por parte de autoridades

Anteriormente se mencionaron concisamente los peligros a los que los inmigrantes se exponen desde el momento de comenzar su travesía para ingresar de manera ilícita a los Estados Unidos, parte del objeto de estudio, una situación lamentable, crítica y de ayuda humanitaria para la sociedad.

En este apartado se hablará de una problemática sumamente grave, que es la violación de los Derechos Humanos de los migrantes por parte de las autoridades tanto de agentes migratorios, como de seguridad pública de los Estados, un problema que sin duda pone en tela de juicio la capacidad de los Estados para mitigarla y desmerita el trabajo que llevan a cabo, porque tal crisis de derechos humanos es responsabilidad Estatal, ya que funcionarios por acción u omisión son responsables de un porcentaje de estos abusos.

Los datos proporcionados por la Comisión Nacional de Derechos Humanos de México (CNDH), señala tal responsabilidad de forma contundente (CNDH-SRE , 2007). En el 2006, la mayor parte de las recomendaciones emitidas por la CNDH en relación con "grupos sociales" concernían a los migrantes no documentados, y una mayoría de esas recomendaciones fue hecha al Instituto Nacional de Migración.

En el 2007, el número más alto de recomendaciones hechas por la CNDH a autoridades e instancias oficiales fue al INM (migracion, 2006). De enero a diciembre del 2007 se recibieron 448 quejas de migrantes a través del Programa de Atención a Migrantes de la CNDH. Las autoridades más mencionadas en dichas quejas como presuntas responsables de hechos violatorios a los derechos humanos fueron:

El Instituto Nacional de Migración, con 311 denuncias;

Autoridades municipales, con 86 denuncias;

La Secretaría de Relaciones Exteriores, con 58 denuncias;

La Procuraduría General de la República (incluye la Agencia Federal de Investigación), con 40 denuncias;

La Secretaría de Seguridad Pública (incluye la Policía Federal Preventiva),

Con 30 denuncias;

Las Secretarías de Seguridad Pública Estatales, con 28 denuncias;

La Secretaría de la Defensa Nacional, con 13 denuncias,

La Comisión Mexicana de Ayuda a Refugiados, con 4 denuncias. (Bustamante, 2008)

Estas recomendaciones fueron emitidas a Instituciones Nacionales, por otra parte están los abusos por autoridades Migratorias.

Por otra parte, el endurecimiento de la política migratoria estadounidense, se agudizó a principios de la década de los noventa. Aunado a eso, en la sociedad estadounidense empezó a resurgir un sentimiento anti-inmigrante y xenofóbico, alimentado en gran parte por la serie de crisis económicas, en estados como California, lugar de destino de un importante flujo migratorio, que vulneró aún más la condición de los migrantes, particularmente de los indocumentados. (Perez, 2005)

El 19 de septiembre de 1993 se puso en marcha la Operación Bloqueo (*Operation Blockade*), operativo piloto que tuvo una duración de dos semanas, con el que se inició el sondeo para establecer las nuevas medidas de control de migración en la frontera sur de Estados Unidos.

La Operación Bloqueo se aplicó entre la frontera de Ciudad Juárez, Chihuahua y el Paso, Texas, instrumentando el desplazamiento de un vehículo con dos agentes de la patrulla fronteriza a bordo por cada 200 metros, reforzando la frontera con mallas metálicas, camionetas, sensores de piso, circuito cerrado de televisión y el uso de dos helicópteros. El operativo fue calificado como exitoso por las autoridades del entonces *Inmigration and*

Naturalization Service (INS), dando pauta a los operativos de control de migrantes indocumentados en los estados de California, Texas y Arizona (Griswold, 2002).

Hasta esta época las operaciones anti inmigrantes se habían conducido en un marco de respeto a los derechos humanos o al menos nunca se había hecho público un abuso por parte de agentes de migración. Fue hasta el año de 1996, cuando una cadena televisiva de Estados unidos dio a conocer un video donde la policía del sheriff de Riverside le propina una brutal golpiza a indocumentados mexicanos.

En ocasiones esta violación a los derechos humanos no sólo se da en manos de autoridades estadounidenses, sin embargo recae en ella una gran responsabilidad, porque pareciera que no les importa. Un conocido caso que atenta contra los derechos humanos de los inmigrantes del lado de Estados Unidos, es el denominado *Ranch Rescue* cuya organización denomina a sus actos como una "cacería humana" puesto que realizan persecuciones portando armas de alto calibre, sin que ninguna autoridad intervenga al respecto (MENA, 2001).

Para concluir con esta breve semblanza de abusos por parte de las autoridades norteamericanas, no se podía dejar de citar una serie de sucesos actuales, los cuales al parecer hicieron reaccionar al gobierno mexicano al condenar energéticamente tales actos, uno de los más escuchados fue el del joven de 14 años asesinado con arma de fuego y de lado mexicano por un agente de migración de la vecina ciudad El Paso Texas. Christian Ramírez, Director de la Alianza de Derechos Humanos en San Diego y la Coalición de Comunidades en el Sur de la Frontera, considera que el hecho de que la Patrulla Fronteriza contrate a personas con antecedentes de mala conducta y que disparen antes de interrogar a los sujetos, son indicios de una agencia fuera de control. (Anonimo, 2012).

III. Derechos humanos de los migrantes

Se citara de manera textual las definiciones que brinda la Oficina del Alto Comisionado para los Derechos Humanos con el fin de comprender y conocer que son los mismos:

"Los derechos humanos son derechos inherentes a todos los seres humanos, sin distinción alguna de nacionalidad, lugar de residencia, sexo, origen nacional o étnico, color, religión, lengua, o cualquier otra condición. Todos tenemos los mismos derechos humanos, sin discriminación alguna. Estos derechos son interrelacionados, interdependientes e indivisibles" (OACDH.org , 2012).

La situación de la migración ilegal siempre ha sido un tema de interés para la Organización de las Naciones Unidas (ONU) y los derechos humanos. Existe varias resoluciones de los derechos humanos en materia de migrantes, la primera resolución de esta índole fue la: 40/144 de la Asamblea General, de 13 de diciembre de 1985, por la cual se aprobó la Declaración sobre los derechos humanos de los individuos que no son nacionales del país en el que viven.

Se han elaborado muchas más resoluciones que abordan este tópico una de ellas es la 2002/62 que concientiza a los Estados a cerca de la vulnerabilidad de este grupo, destaca la importancia de crear condiciones que promuevan una mayor armonía, tolerancia y respeto entre los migrantes y el resto de la sociedad en los países en que residen con miras a eliminar las manifestaciones de racismo y xenofobia contra los migrantes.

Una frontera que se traza sin respeto a los derechos humanos, es la frontera de un Estado que no cumple con principios democráticos. Es bien sabido que ni la nacionalidad, ni la calidad migratoria de una persona pueden privar del goce y ejercicio de sus derechos humanos. (Jimenez, 2008).

La violación de derechos humanos hacia los inmigrantes es realmente un tema polémico donde todos quieren opinar, muchas veces sin tomar en cuenta que aparte de inmigrantes son seres humanos y por este hecho son sujetos a los 30 artículos de la declaración universal de derechos humanos, aunque ciertamente actos como los que se mencionan anteriormente atenta directamente a ciertos derechos humanos. ¿Cuáles son tales actos?

Detención ilegal: La mayor parte de los abusos y violación a los derechos humanos de los inmigrantes y migrantes ocurre durante el proceso de aseguramiento, detención y expulsión, violando así el articulo número nueve la declaración universal de derechos humanos que dice tácitamente: *"Nadie podrá ser arbitrariamente detenido, preso ni desterrado".* El abogado Ricardo Lagunés Gasca describe que los operativos de detención se caracterizan por: *"El uso excesivo de la fuerza desplegado por los cuerpos policíacos y agentes migratorio. Además de las agresiones físicas, los servidores públicos que participan en los operativos, sin ningún tipo de ética ni capacitación en Derechos Humanos, agreden verbal y psicológicamente a los migrantes, lo cual se traduce en tratos inhumanos que atentan contra su derecho a la vida y a su integridad personal"* (Gasca, 2007).

En los últimos años, las detenciones arbitrarias de migrantes—tanto documentados como indocumentados—se han incrementado de forma exponencial. De 2002 al 2005 el número de extranjeros detenidos por el Instituto Nacional de Migración subió 74%, a 240,269 personas (INM, 2012).

Integridad personal: Tal como se señaló antes, durante el proceso de verificación, detención y expulsión los migrantes frecuentemente sufren todo tipo de violencia, tratos crueles y degradantes, hostigamientos y abusos sexuales por parte de agentes estatales. Dichos agentes son oficiales de migración, así como elementos de la policía y del ejército. Atentando contra el articulo número cinco de la declaración universal de Derechos Humanos que expresa: *"Nadie será sometido a torturas ni a penas o tratos crueles, inhumanos o degradantes."*

Dentro del marco del estudio "Violencia y mujeres migrantes en México", realizado por la organización Sin Fronteras en el 2004, 65 mujeres de Centro y Sur América Reportaron haber sufrido abuso físico, psicológico y/o sexual por parte de:

Las autoridades migratorias (23.3%);

La Policía Federal Preventiva (10%);

La Policía Judicial40 (10%);

Las Policías municipales (10%);

El Ejército (6.6%);

Y el 33.3% dijeron no poder identificar la corporación a la cual pertenecen sus agresores (CENTROAMERICANA, 2011)

Derecho a la vida: Un derecho que es cuartado, cada que un agente de migración o seguridad pública del Estado arremete con un arma de fuego o utiliza la fuerza bruta abusando de su autoridad situación que lamentablemente muchas veces queda impune o simplemente se guarda en silencio violando el articulo numero tres que dice: "*Todo individuo tiene derecho a la vida, a la libertad y a la seguridad de su persona.*

Discriminación: Quizá la raíz del problema, el sentimiento xenofóbico que albergan muchas de las autoridades encargadas de controlar el tráfico de personas indocumentadas es quizá lo que los orilla a actuar de una forma poco humana, ya que no sienten empatía por su situación al contrario repudian su persona y juzgan su acción de internarse a un país como indocumentados de provechosa y perjudicial para su Estado, por lo cual no se toman cartas en el asunto de acabar, controlar y castigar a los grupo anti-inmigrantes que como se comento anteriormente llevan a cabo " caserías humanas" impulsados por un sentimiento de racista y discriminatorio hecho que viola el artículo número siete "*Todos son iguales ante la ley y tienen, sin distinción, derecho a igual protección de la ley. Todos tienen derecho a igual protección contra toda discriminación que infrinja esta Declaración y contra toda provocación a tal discriminación.*"

Una vez analizados los principales derechos humanos que son violados por parte de autoridades es importante ver como otros actores internacionales y el derecho internacional realiza acciones en pro de mitigar y/o suavizar esta situación.

Uno de los logros más significativos para la protección de los migrantes indocumentados es la OC-18/03 el 17 de septiembre del 2003, bajo el epígrafe "Condición jurídica y derechos de los migrantes indocumentados" Emitida por la corte interamericana de derechos humanos. La cual obliga a los Estados a garantizar el goce efectivo de los derechos humanos a los nacionales y extranjeros independientemente de su legal estancia en un país, en los términos de las normas internacionales en materia de derechos humanos. Estos derechos no se fundamentan en la ciudadanía ni nacionalidad y constituyen la base de las nociones modernas de la igualdad legal basada en la dignidad de la persona humana. (Ortiz, 2006).

La convención de Viena sobre relaciones consulares de 1963 en su artículo 36 contempla el denominado derecho a la comunicación consular, situación que beneficia a los inmigrantes ya que gracias a esta convención los consulados de los nacionales que sean detenidos en calidad de indocumentados estarán informados de su situación, y podrán auxiliar a su nacional.

Las ONG mexicanas, y Estadounidenses, los medios de comunicación y grupos civiles son sumamente importantes ya que ejercen presión en los gobiernos y ayudan a focalizar los principales problemas.

IV. Conclusión

El flujo de indocumentados en México y Estados Unidos es un tema que viene tomando fuerza desde las últimas décadas, la violación de derechos humanos hacía este grupo vulnerable es una situación de preocupación mundial, donde como se vio en ésta propuesta la sociedad civil, las ONG, los medios de comunicación, las instrumentos del derecho internacional tales como la convención de Viena, las acciones de la Corte Interamericana de Derechos Humanos, así como las de Naciones Unidas intentan erradicar o a memorizar esta situación.

Pero qué ocurre cuando los derechos humanos de estas personas son pisoteados por las autoridades, mismas que deberían velar por la seguridad y bienestar de cualquier ser humano sin importar la condición legal que tenga, tal situación realmente llena de indignación porque como se menciona anteriormente estos sucesos son una responsabilidad Estatal, cada país tiene la responsabilidad de contar con elementos que realmente puedan brindar seguridad a los ciudadanos y a cualquier persona que se encuentre en su territorio, es responsabilidad de los Estados que sus autoridades reciban una formación adecuada acerca de los derechos humanos.

Aunque con los esfuerzos de los interlocutores en materia de derechos humanos, ONU, ONG y sociedad civil sean muchos, sin la voluntad de los Estados para revisar la legislación sobre este tema y adecuarla sobre la realidad de hoy en día, será imposible erradicar el problema.

V. Reflexión y alternativas:

Ha sido evidenciado que la violación a los derechos Humanos de los migrantes están a la orden del día, situación que se hace más grave y preocupante cuando los abusos vienen por parte de autoridades estatales o fronterizas.

El endurecimiento de las medidas de control para esta problemática, lejos de dar solución, parece estar dando la pauta para que las violaciones y abusos de autoridad se sigan cometiendo.

Los cambios en la política migratoria estadounidense no son los adecuados para abordar de manera correcta el flujo de intercambio de personas de país a país.

México es considerado para los inmigrantes que llegan a él, como el país que les dará la oportunidad de saltar la franja fronteriza gracias a su geografía, muchas veces estas personas ni si quiera logran pasar a Estados Unidos porque pierden la vida o son encerrados por autoridades mexicanas.

Las medidas de control en la frontera de estados unidos no son llevadas a cabo en un marco legal ya que en las detenciones se priva de algunos derechos humanos a los inmigrantes.

Otra problemática que se desprende del tema, es que no es posible que cuando se abran líneas de investigación para determinada agencia fronteriza, la misma agencia lleve a cabo la investigación, se necesitan agencias independientes para garantizar la certeza y lo fidedigno de dicha investigación

Definitivamente esta situación debe ser mitigada, para el tratamiento se proponen algunas alternativas que podrían funcionar:

1.- Promover acciones sociales e impulsar el desarrollo en las comunidades para garantizarles un empleo y una vida digna para que no migren.

2.- Capacitar a todas las autoridades y funcionarios públicos que tengan contacto con migrantes en materia de derechos humanos

3.- El uso excesivo de la fuerza a la hora de detener a los indocumentados, atenta a los derechos humanos. Se debe capacitar al personal de las estaciones migratorias de manera que puedan garantizar la seguridad de las mismas, así como la vida e integridad física y psíquica de las personas aseguradas. Es importante que se determine que la fuerza utilizada debe ser proporcional a la situación.

4.- Actualizar a la situación de hoy en día el marco legal que concierne al tema de la discriminación.

5.- Por ultimo quizá la que pareciera más sencilla de llevar a cabo, es buscar instrumentar medios para que se respeten las legislaciones ya existentes para mitigar este problema.

VI. Bibliohemerografía

CNDH-SRE . (23 de ENERO de 2007). *Informe anual de actividades 2007 CNDH, Derechos Humanos Agenda internacional de México.* Recuperado el 24 de OCTUBRE de 2012, de http://portal.sre.gob.mx/oi/pdf/dgdh64.pdf

Anonimo. (23 de OCTUBRE de 2012). Alarma el aumento de violencia en la Patrulla Fronteriza. *EL DIARIO CD. JUAREZ* , pág. 19 .

Bustamante, J. (8 de AGOSTO de 2008). *La crisisis de los Derechos Humanos en la frontera sur de Mexico* . Recuperado el 27 de OCTUBRE de 2012, de http://www.dplf.org/uploads/1221486169.pdf

CENTROAMERICANA, A. d. (julio de 2011). Recuperado el 27 de Octubre de 2012, de www.pcslatin.org/.../Informealternativo_realidadmigratoriaMXfINA.com

DURAND, A. F. (8 de agosto de 2008). *MORTANDAD EN LA FRONTERA.* Recuperado el

23 de octubre de 2012, de http://rimd.reduaz.mx/revista/rev10/c2.pdf

Gasca, R. L. (5 de octubre de 2007). *"Las estrategias de litigio en el combate a la criminalización.* Recuperado el 29 de octubre de 2012, de http://www.hchr.org.mx/files/doctos/Libros/litigioestrategico.pdf

Griswold, D. T. (13 de Diciembre de 2002). *Dispuestos a trabajar: La solucion al problema de la inmigracion ilega.* Recuperado el 16 de Octubre de 2012, de http://www.elcato.org/publicaciones/edc/edc-tpa-19.pdf

INM. (2012). *Instituto Nacional de Migracion* . Recuperado el 17 de octubre de 2012, de http://www.inm.gob.mx/

Jimenez, F. B. (17 de julio de 2008). *Derechos Humanos y migracion* . Recuperado el 23 de octubre de 2012, de http://biblio.juridicas.unam.mx/libros/7/3064/15.pdf

MENA, J. M. (2001). La violencia hacia los migrantes. Mexicali, Baja California, Mexico.

migracion, I. n. (8 de AGOSTO de 2006). *Convención Internacional sobre la proteccion de los derechos de todos los trabajadores migratorios y de sus familias* . Recuperado el 26 de OCTUBRE de 2012, de CMW: CMW/C/MLI/Q/1/Add.1 06-41067

OACDH.org . (1 de Enero de 2012). *Naciones unidas derechos humanos* . Recuperado el 18 de octubre de 2012, de http://www.ohchr.org/SP/Issues/Pages/WhatareHumanRights.aspx

Ortiz, L. (2006). *Derechos humanos de los immigrantes*. Recuperado el 30 de octubre de 2012, de http://biblio.juridicas.unam.mx/libros/5/2496/11.pdf

Pellegrino, A. (22 de Noviembre de 2002). *CEPAL - SERIE Población y desarrollo.* Recuperado el 15 de octubre de 2012, de http://www.eclac.org/publicaciones/xml/0/12270/lcl1871-p.pdf

pellegrino, A. (12 de julio de 2004). *La migracion internacional en America Latina.* Recuperado el 15 de Octubre de 2012, de http://www.eclac.cl/publicaciones/xml/1/34411/LCG.164_p6.pdf

Perez, N. (8 de Junio de 2005). *CRUCES EN LA FRONTERA: MIGRACIÓN INDOCUMENTADA.* Recuperado el 19 de octubre de 2012, de http://portal.sre.gob.mx/pcdh/libreria/libro5/nancy%20perez.pdf

SEGOB-S.R.E. (20 de Febrero de 2004). MEMORANDUM DE ENTENDIMIENTO ENTRE LA SECRETARÍA DE. *Memorandum* . México, Distrito Federal, México: SEGOB-S.R.E. http://www.dplf.org/uploads/1221486169.pdf

Política exterior y derechos humanos en la maternidad subrogada, distinciones jurídicas intrasistemicas.

Jorge Antonio Breceda Pérez

Javier Rolando De la Rosa Campos

Roberto Ismael Salazar Caldera

"Los Estados Partes adoptarán todas las medidas adecuadas para eliminar la discriminación contra la mujer en todos los asuntos relacionados con el matrimonio y las relaciones familiares y ... asegurarán ... el mismo derecho para elegir libremente cónyuge y contraer matrimonio sólo por su libre albedrío y su pleno consentimiento; ... [y los] mismos derechos a decidir libre y responsablemente el número de sus hijos y el intervalo entre sus nacimientos y a tener acceso a la información, la educación y los medios que le permitan ejercer estos derechos ...".

Artículo 16, Convención sobre la eliminación de todas las formas de discriminación contra la mujer (Human rights watch, 2012)

Consideraciones preliminares

El presente ensayo, se encuentra elaborado con la intención de brindar un acercamiento pragmático respecto a la legislación del sistema mexicano sobre el tópico de maternidad subrogada, se realizan consideraciones de instrumentos internacionales que abordan la temática antes mencionada y pretende concatenar lo planteado, con la perspectiva de política exterior. Por lo que resulta inevitable advertir que el presente trabajo de investigación no se encuentran vertidas consideraciones morales o éticas respecto de tema de maternidad subrogada, así como, no se encontraran criterios personales, razón por la cual, se abre al lector la oportunidad de realizar las consideraciones que considere crear sobre a un tema controvertido en nuestra actualidad, lo anterior, derivado que las consideraciones éticas y/o morales o de principios axiológicos no se encuentran consideradas como el objeto de estudio del presente artículo.

Nota introductoria

El presente artículo intenta ofrecer una lectura en la que se deriva una clara postura entre los tópicos; maternidad subrogada[1], política exterior[2] y derechos humanos[3]. Respecto a la maternidad subrogada se construirán vínculos entre una postura interestatal, en donde se encuentran discursos políticos heterogéneos, así como legislaciones diversas, lo anterior, bajo la el ámbito territorial mexicano. En lo que recae a derechos humanos, cabe aclarar que se encuentra una valoración en la cual se estima la

---

[1] Bajo el criterio que el presente tópico tendrá el mayor peso literario en el presente artículo, por así ser valorado por los autores.

[2] Visto bajo el modelo que considera al estado como la unidad primaria del análisis, y a las relaciones interestatales (o relaciones internacionales) como el contexto para su análisis.

[3] Los derechos humanos son derechos inherentes a todos los seres humanos, sin distinción alguna de nacionalidad, lugar de residencia, sexo, origen nacional o étnico, color, religión, lengua, o cualquier otra condición. Todos tenemos los mismos derechos humanos, sin discriminación alguna. Estos derechos son interrelacionados, interdependientes e indivisibles (humanos, 2012).

existencia de elementos que se enlazan entre los tópicos derechos humanos y maternidad subrogada, siendo así, posturas dentro de las cuales la segunda (maternidad subrogada[4]) puede y debe ser considerada por la primera (derechos humanos) como un valor que tutelara para su mayor protección internacional. Y por último, en atención a la política exterior, se trata de postular argumentos dentro de los cuales se observa la imposibilidad que tiene el estado mexicano de tener una posición concreta respecto al tópico de maternidad subrogada, lo anterior, bajo los enfoques del análisis intrasistemico que se realizara a continuación, aunado a lo anterior, cabe señalar las implicaciones de la teoría de la elección racional.

En conclusión, se pretende observar como un derecho humano tutelado en el ámbito internacional (SLD, 2012) se encuentra incapacitado de ser protegido por el estado mexicano, debido a las

[4] Se deberá de observar la maternidad subrogada como un derecho humano a partir de la convención de Mónaco en la que se establecen las bases de la reproducción in vitro creado con fines de procreación en caso de infertilidad en la pareja.

diversas legislaciones estatales y como esta situación, a su vez, imposibilita al estado mexicano a contener una posición internacional respecto a un tópico que ahora se encuentra en boga internacional (EU, Ley 45/2003, de 21 de noviembre, por la que se modifica la ley35/1988, de 22 de noviembre, sobre tecnicas de reproduccion asistida, 2012). Es decir, como por medio de diversos criterios se puede llegar un argumento que consolide las diversas posturas y con ello conformar la postura de política exterior, que en determinados momentos es la que se defenderá en el ámbito internacional.

Introducción

Resulta importante resaltar el estudio realizado en el año 2010 por la Organización Mundial de la Salud dentro del cual se indica a la infertilidad como un problema de salud pública, lo anterior, debido a que cerca de 80 millones de la población mundial se tiene considerada como personas infértiles y más de 100 millones con problemas de fertilidad (EU, Ley 45/2003, de 21 de noviembre, por la que se modifica la ley35/1988, de 22 de noviembre, sobre tecnicas de reproduccion asistida, 2012), situación que indica que el estado; como estructura de fines, deberá de encontrar en su agenda política los mecanismos necesarios para atender lo antes descrito, así como, la coyuntura para la creación de una política pública que de claridad en la problemática antes planteada, situación por la cual resulta interesante considerar el tema de maternidad subrogada como optimo para visualizar un análisis de derecho comparado.

En este tenor de ideas, se refuerza la postura de observar el fenómeno natural de *procreación humana* como un valor tutelado por el estado mexicano o por lo menos así lo indica la Carta Magna (diputados, 2011) del antes citado en su artículo IV, párrafo segundo, que a la letra dice; *Toda persona tiene derecho a decidir de manera libre, responsable e informada sobre el número y el espaciamiento de sus hijos,* lo anterior, manifiesta de manera expresa un derecho consagrado en el capítulo I, denominado; *De los derechos Humanos y sus garantías*, concatenando lo anterior, con las consideraciones realizadas en instrumentos internacionales[5] como lo son: la Declaración Universal de los Derechos Humanos (humanos, 2012), el Pacto Internacional de los Derechos Económicos, Sociales y Culturales (ACNUR, 2012), el Protocolo Adicional a la Convención Americana sobre los Derechos Económicos, Sociales y Culturales (Protocolo de San Salvador), Pacto de San José en su artículo cuatro (INAP, 2012), La convención sobre los derechos de los niños (articulo dos), la Convención americana de derechos humanos y haciendo énfasis en la Declaración de Mónaco (2000).

Atendiendo a lo antes expuesto, se puede observar el marco jurídico idóneo en un nivel internacional y constitucional, para la creación de figuras normativas[6] domesticas que den sustento social al tópico tratado, ya que con toda claridad se puede observar que dentro de la construcción del término *procreación humana* se encuentran los mecanismos

---

[5] Suscritos por el Estado Mexicano

[6] Legislación de cualquier tipo.

e instrumentos que lleven a cabo la antes mencionada, incluyendo por supuesto; *la maternidad subrogada.*

Así las cosas, cabe indicar que el presente estudio de *maternidad subrogada*[7] se enfocara desde la perspectiva local y no internacional como se podría prever, lo anterior, con el objetivo de dar conocer al lector una perspectiva interna del suceso legislativo y de política pública respecto a la también conocida como maternidad sustituta, es preponderante rescatar como adelanto de lectura, el hecho que nuestra legislación mexicana cuenta con mecanismos interesantes para la implementación de normas encaminadas a la absorción de la figura jurídica que en estados como; España, Países Bajos, EEUU[8], Costa Rica, Italia, Francia, entre otros, ya se encuentra normada.

Maternidad subrogada y su contexto jurídico en el Estado Mexicano.

---

[7] Surrogated motherhood en países anglosajones.

[8] Por lo menos en 20 entidades federativas se encuentra normada la figura jurídica en cuestión.

Es conveniente resaltar que la construcción del término; *maternidad subrogada* se encuentra sustentado en la edificación de la familia, concepto que se encentra consagrado dentro de la Constitución Política de los Estados Unidos Mexicanos bajo el artículo cuarto, que indica; ... *El varón y la mujer son iguales ante la ley. Esta protegerá la organización y el desarrollo de la familia... Toda persona tiene derecho a decidir de manera libre, responsable e informada sobre el número y el espaciamiento de sus hijos.*

Atendiendo a lo anterior, Elisur Arteaga Nava menciona que la procreación es un derecho por cuanto a que implica la posibilidad de tener descendencia...Es una libertad, por razón de que, tratándose de mayores de edad, nadie puede interferir para impedir la procreación u obligar a ejercerla...Implica una obligación por cuanto a que los titulares del derecho y de la libertad, respecto al número y espaciamiento, deben ejercerlos de manera libre, responsable e informada (Arteaga, 1997).

Aunado a lo anterior, cabe citar que la protección a la antes mencionada se encuentra dentro de la Declaración Universal de los Derechos Humanos, ubicándose dentro del artículo 16, tercer párrafo, que muestra lo siguiente: *La familia es el elemento natural y fundamental de la sociedad y tiene derecho a la protección de la sociedad y del Estado.*" El doctrinario Elisur Arteaga Nava menciona su postura bajo las siguientes características;... legislar con relación a la organización de la familia es una materia que prevé y regula el derecho común; la federación carece de competencia para legislar en la materia. Son los legisladores locales los que la definen, fijan sus elementos y regulan las relaciones que se dan entre sus miembros (Arteaga, 1997).

Atendiendo a lo antes expuesto, es oportuno señalar las consideraciones que se encuentran en las legislaciones de las entidades federativas respecto al término familia, siendo así; el Código Civil del Estado de Chihuahua (UNAM, 2012) nos da una definición legislativa por lo que debemos entender por familia como institución que permite y fomenta la convivencia de sus miembros a través de la permanencia y estabilidad de las relaciones de las personas que la integran en razón del matrimonio, concubinato o parentesco, es la base del orden social, por lo que el Estado garantiza su protección, constitución y autoridad como fundamento primordial de la sociedad, considerándose de orden público[9]...

Así las cosas, para el Código Civil para el Distrito Federal (ICNL, 2012) se reconocen determinados efectos jurídicos al empleo de los métodos de reproducción asistida y establece en el párrafo segundo del artículo 162 el derecho de procreación de los cónyuges en los siguientes términos: *Los cónyuges tienen derecho a decidir de manera libre, informada y responsable el número y espaciamiento de sus hijos, así como emplear, en los términos que señala la ley, cualquier método de reproducción asistida, para lograr su propia descendencia. Este derecho será ejercido de común acuerdo por los*

[9] Artículo 20 del Código civil del Estado.

cónyuges. Determinando de esta manera, la valoración a los hechos derivados de cualquier reproducción asistida[10].

Por otra parte, encontramos en el Código Familiar de San Luis Potosí (legislativas, 2012), en la exposición de motivos del ordenamiento la siguiente definición para esta figura: "La familia es el centro de convergencia de las diversas experiencias y expresiones humanas, a la vez que es el foco de irradiación de las más variadas actitudes y conductas personales, derivadas de la práctica de otros tantos valores humanos, que caracterizan a la vez, que diferencian a una sociedad en relación con otra, o a los diferentes grupos étnicos o nacionalidades.

De igual forma en el Código Civil del Estado de Tabasco (UNAM, 2012) podemos vislumbrar lo siguiente en su artículo 23: ...Para los efectos de este Código, la familia la forman las personas que

---

[10] Se designa como la implementación de tecnología biomédica cuya finalidad es el manejo de gametos o embriones y complementar el contacto sexual a fin de que la fertilización ocurra

estando unidas por matrimonio, concubinato o por lazos de parentesco de consanguinidad, de afinidad o civil, habiten en una misma casa o tengan unidad en la administración del hogar.

Por último, en el Código Civil del Estado de Coahuila (Mexico, 2012) encontramos desde su primer artículo la mención referente a lo que la familia significa para esa entidad federativa: ...El Estado protegerá a la familia, a la que reconoce como la agrupación primaria natural y fundamental de la sociedad.

Resulta necesario para el presente titulo de descanso, remitir al lector a los métodos artificiales de reproducción o reproducción asistida, que como consecuencia de los avances científicos ha generado figuras como: Fertilización In Vitro, Clonación y Subrogación Reproductiva, esta última, entendida como parte de la medicina reproductiva, y que son un conjunto de métodos por medio de los cuales se pueden llevar a cabo la procreación de una especie, sin necesidad del acto sexual entre individuos de la especie a reproducir, en donde intervienen terceros especialistas en materia reproductiva que se encargan de realizar los procedimientos para que se lleve a cabo, con la manipulación de las células reproductivas.

Indiscutiblemente el tema de maternidad subrogada en los congresos estatales[11] es de constante debate, sin embargo, desconocido por gran parte de las entidades federativas, entre ellos el estado de Chihuahua; cabe mencionar, que aquellas entidades que lo regulan lo prevén de manera ya sea prohibitiva[12] o permisiva[13] pero absteniéndose de prescribir normas que cuenten con tratamiento relevantes para normar dicha figura y su naturaleza.

Así las cosas, en el estado mexicano, algunas entidades federativas han tomado con indistintos criterios el tópico en cuestión, en ocasiones permitiendo y en otras delimitando los alcances de estos avances científicos, por ejemplo; el Código

---

[11] En pocas entidades federativas y en el D.F. se propuso la figura en el año 2008.

[12] como el caso del Código Civil de Coahuila y el Código Familiar de San Luis Potosí

[13] Código Civil de Tabasco o la Ley de Maternidad Subrogada del Distrito Federal

Familiar del Estado de San Luis Potosí define de la siguiente manera:

Articulo 236.-Se entiende por reproducción humana asistida, la que se verifica a través de la participación de terceras personas y el empleo de técnicas biológicas de reproducción sin coito de la pareja.

Bajo estas consideraciones se observa el Código Civil del Estado de Coahuila en el que se plantean los procedimientos permitidos para la procreación de este tipo: *Articulo 482.- Se entiende por asistencia médica para la procreación las prácticas clínicas y biológicas que permiten la concepción in vitro, la transferencia de embriones y la inseminación artificial, así como toda técnica de efecto equivalente que permita la procreación fuera del proceso natural.* La expresión del precepto se observa de manera clara al determinar los elementos necesarios para un constructo definido de manera eficiente.

Concatenado con lo descrito dentro del Código Civil del Estado de Tabasco, en el segundo párrafo de su artículo 165 se determina: ... *Los cónyuges pueden planificar el número y espaciamiento de sus hijos, así como emplear cualquier método de reproducción artificial para lograr su propia descendencia. Este derecho será ejercido de común acuerdo por los cónyuges, extendiéndose a aquellas parejas que viven públicamente como si fueran marido y mujer y sin tener algún impedimento para contraer matrimonio entre sí.* Dentro del precepto mencionado se observa la facultad de las personas para elegir de manera abierta el procedimiento para reproducirse.

En contraposición moderada a lo antes descrito, se podrá observar en el Código Civil del Estado de Chihuahua la ausencia de legislación respecto al tema, el antes descrito se observa como una legislación indolente, en la cual no se fija un posición del tema, cabe mencionar que una máxima jurídica menciona la posibilidad del gobernado de observar cualquier conducta que no se encuentre expresamente prohibida, sin embargo, es notoria la necesidad de construir una posición en la entidad federativa en cuestión.

Maternidad subrogada como derecho humano.

Es relevante expresar, que sin duda alguna el derecho a la procreación se encuentra considerado como un derecho humano (Human rights watch, 2012), aunado a lo antes expuesta, en el estado mexicano se encuentra consagrado constitucionalmente como un derecho de los mexicanos la libre voluntad de elegir la conformación de la familia, atendiendo a lo anterior, es válido concatenar la postura del derecho humano con los mecanismos que son necesarios para su materialización, en este caso, *la maternidad subrogada.* Por lo que a partir de este breve silogismo se puede determinar que la ya mencionada; maternidad subrogada, se encuentra dentro como un tipo de la especie que se denomina derecho humano a la procreación.

Conclusión / Política exterior.

Es indudable que al referirse al termino; política exterior, se deberán de formular las decisiones que construye el estado a través de las decisiones públicas que el gobierno implementa, en función de los intereses nacionales, instrumentos internacionales que haya suscrito y en relación a los demás actores del sistema internacional. En este tenor de ideas resulta evidente que el estado que pretenda tener una política exterior definida en principios internacionales, tiene la obligación de observar su derecho interno como la fuente de las decisiones a nivel internacional, ya que sin directrices identificadas, es imposible realizar consideraciones de diversos temas suscritos por la comunidad internacional.

Conviene señalar que la influencia de los derechos humanos en la política exterior de México no debe entenderse exclusivamente como una cuestión de identidad nacional o rasgos que caracteriza el estado mexicano en el exterior. Por lo que resulta trascendente el reconocimiento de los derechos humanos en la política exterior de un estado también deriva de ejercicios de socialización interna (al observar legislaciones homogenizantes entre los tópicos a tratar) e internacional y, en ocasiones, es el producto de decisiones racionales estratégicas.

Además, se debe observar que la carta magna del estado mexicano se encuentra a partir de junio 2011 modificada para identificar y tutelar los derechos humanos, lo anterior, como el máximo logro legislativo en materia de reconocimiento a las prerrogativas de los ciudadanos en los últimos lustros, esto, contrae al estado mexicano a encontrarse obligado a crear preceptos jurídicos que acompañen no solo a los derechos enmarcados en la agenda pública, sino, todos aquellos que son considerados por los instrumentos internacionales.

Es por ello que al estudiar el presente tópico, resulto frustrante observar como el estado mexicano se encuentra imposibilitado de observar construcciones conceptuales con las cuales pueda participar en el ámbito internacional a través de su política exterior, en este caso particular, el tema; *maternidad subrogada.*

Fuentes bibliográficas consultadas / citadas.

Abellan, F., & Sanches Caro, J. (2001). *Reproduccion humana asistida y responsabilidad medica: consideraciones legales y eticas sobre casos practicos.* España: I Comares.

ACNUR. (01 de enero de 2012). *Pacto internacional de los derechos economicos, sociales y culturales.* Recuperado el 02 de Noviembre de 2012, de http://www.acnur.org/t3/fileadmin/scripts/doc.php?file=biblioteca/pdf/0014

Borell Macia, A. (1954). *La persona humana; derechos sobre su propio cuerpo vivo y muerto; derechos sobre el cuerpo vivo y muerto de otros hombres.* España: Barcelona.

Brena Sesma, I. (2002). Boletin mexicano de derecho comparado. *Algunas consideraciones en torno al derecho a la reproduccion por medio de la inseminacion artificial* , 1-4.

diputados, C. d. (07 de junio de 2011). *Constitucion politica de los estados unidos mexicanos.* Recuperado el 01 de Octubre de 2012, de http://www.diputados.gob.mx/LeyesBiblio/pdf/1.pdf

EU, E. (02 de Noviembre de 2012). *Ley 35/1988 de 22 de noviembre, sobre tecnicas de reproduccion asistida.* Recuperado el 02 de Noviembre de 2012, de http://ec.europa.eu/research/biosociety/pdf/spanish_law45.pdf

EU, E. (03 de Noviembre de 2012). *Ley 45/2003, de 21 de noviembre, por la que se modifica la ley35/1988, de 22 de noviembre, sobre tecnicas de reproduccion asistida.* Recuperado el 03 de Noviembre de 2012, de http://ec.europa.eu/research/biosociety/pdf/spanish_law45.pdf

Human rights watch. (01 de Enero de 2012). *Capitulo 1. Salud de la reproduccion y derechos humanos*. Recuperado el 01 de Octubre de 2012, de http://www.unfpa.org/swp/1997/spanish/sch1.pdf

humanos, D. u. (01 de enero de 2012). *Declaracion de los derechos humanos*. Recuperado el 02 de Noviembre de 2012, de http://www.facillectura.es/documentos/Declaracion_Universal_Derechos_Humanos_FL.pdf

ICNL. (01 de Noviembre de 2012). *Codigo civil para el Distrito Federal.* Recuperado el 01 de Noviembre de 2012, de http://www.icnl.org/research/library/files/Mexico/DF_Codigo_Civil_2011.pdf

INAP. (01 de Enero de 2012). *Convencion americana de derechos humanos, Pacto San Jose*. Recuperado el 23 de Octubre de 2012, de http://www.inap.mx/portal/images/pdf/lat/argentina/ley%2023.313.pdf

Jalisco, S. P. (01 de Enero de 2012). *Codigo civil para el estado de Jalisco*. Recuperado el 04 de Noviembre de 2012, de http://app.jalisco.gob.mx/PortalTransparencia.nsf/TodosWeb/A502B93FFD8F66C386257404007A2435/$FILE/C%C3%B3digo%20Civil%20del%20Estado%20de%20Jalisco.pdf legislativas, I. d. (01 de Enero de 2012). *Codigo civil para el estado de san luis potosi*. Recuperado el 01 de Noviembre de 2012, de http://ieeaslp.inea.gob.mx/joomla/docs/trans/a18/SLPCOD05.pdf

mexicano, E. (01 de Enero de 2012). *Constitucion Politica de los Estados Unidos Mexicanos*. Recuperado el 01 de 11 de 2012, de http://www.diputados.gob.mx/LeyesBiblio/pdf/1.pdf

Mexico, U. A. (01 de Enero de 2012). *Codigo Civil para el Estado de Coahuila*. Recuperado el 02 de Noviembre de 2012, de http://info4.juridicas.unam.mx/adprojus/leg/6/181/

Preciado Hernandez, R. (1984). *Lecciones de filosofia del derecho.* Mexico: UNAM.

Protocolo. (01 de enero de 2012). *Protocolo adicional a la convencion americana sobre los derehos economicos, sociales y culturales (protocolo de San Salvador)*. Recuperado el 01 de Noviembre de 2012, de http://www.pgjdf.gob.mx/temas/4-6-1/fuentes/3-B-5.pdf

SLD. (02 de Enero de 2012). *Convencion de Monaco*. Recuperado el 16 de Octubre de 2012, de http://www.sld.cu/galerias/pdf/sitios/prevemi/declaracion_monaco.pdf

Tamaulipas, P. J. (01 de Enero de 2012). *Codigo civil para el estad de Tamaulipas*. Recuperado el 02 de Noviembre de 2012, de http://www.pjetam.gob.mx/legislacion/leyes/pdf/codigo%20civil.pdf

UNAM. (01 de Enero de 2012). *Ley de Maternidad Subrogada para el Distrito Federal*. Recuperado el 01 de Noviembre de 2012, de UNAM: http://etcetera.com.mx/imagenes/articulos/ne120/asamblea1diciembre.pdf

Competitividad en el Perú

Minerva Judith Portillo Castañeda

PRÓLOGO

El presente trabajo analiza el proceso de ajuste del mercado laboral en el Perú, en 1990-2004, en la perspectiva de su contribución a la mejora de la competitividad. Para ello, toma en cuenta el deterioro registrado por la productividad total en 1970-90, que limita la competitividad cuando la economía se abre a principios de los 90, y en general los *shocks* que anteceden y acompañan ese proceso. Analiza también la evolución de los costos laborales, los ingresos laborales y la seguridad social. El tema del creciente deterioro del mercado laboral, reflejado en la mayor informalidad y precariedad es también objeto de análisis.

El trabajo plantea además propuestas para un enfoque más comprensivo de competitividad, con énfasis en las políticas accesibles para Perú, para el aumento de la productividad total a nivel microeconómico que es donde el país registra el mayor atraso comparativo y en las políticas que pueden contribuir al proceso de mecanismo del aumento de la productividad en las empresas.

La conclusión principal es que el deterioro del mercado de trabajo, no proviene de la apertura económica, sino de la manera en que la misma se implementa y de los *shocks* financieros recibidos en ese proceso. En particular, se destaca que en los primeros doce años, Perú no consigue establecer una estrategia comprensiva y sistémica de competitividad, que le permita superar el atraso productivo y la creciente competitividad externa, lo que coloca todo el peso del ajuste a competitividad externa sobre la flexibilidad del mercado laboral y la reducción de los costos laborales.

Competitividad En El Perú

La ***Competitividad*** puede definirse como la capacidad que tienen los países, regiones y empresas para crecer en forma sostenida en el largo plazo, en un contexto de competencia globalizada.

El Reporte Global de Competitividad indica que ***El Foro Económico Mundial***, una entidad independiente con sede en Ginebra, en alianza con la Universidad de Harvard estructuran y publican dicho reporte con los siguientes índices:

Ranking de Competitividad para el Crecimiento (ICC)

Se fundamenta en la medición de tres factores que son pilares y contribuyen a crear las condiciones para un crecimiento sostenido: El entorno macroeconómico, la calidad de las instituciones públicas y la tecnología.

Este último factor se considera trascendental para el crecimiento a largo plazo, en cuanto se estima que está muy relacionado con la generación del PBI. En este punto, cabe anotar que Perú es uno de los países de la región que invierte muy poco en investigación y desarrollo.

Ranking de Competitividad Empresarial (ICE)

Se fundamenta en la medición de los factores que sostienen la productividad actual, reflejando los fundamentos microeconómicos sobre la sofisticación de la empresa, en cuanto a los modelos de estrategias y en cuanto a la calidad del entorno de los negocios.

En síntesis, el Índice Global de Competitividad mide el crecimiento potencial de una economía en un horizonte de cinco a diez años; es decir, mide la capacidad de los países para alcanzar crecimiento económico sostenido e identifica los factores por los cuales unos países tienen más éxito para mejorar el nivel de vida de su población. Es decir, evalúa las fortalezas y debilidades de los países en su inserción en la economía global.

POSICIÓN COMPETITIVA DE PERÚ

¿No es preocupante la pérdida de la posición competitiva? América Latina retrocede. Sólo Chile destaca como el país más competitivo de la región.
En el índice de competitividad para el crecimiento (ICC) Perú está en promedio en el tercio menos competitivo.
Perú presenta uno de los niveles más bajos de competitividad empresarial. Está en promedio en el quinto menos competitivo.
¿Quién le gana en América Latina y El Caribe (ALC)? El Salvador, República Dominicana, además ni qué decir de Chile, Brasil y México.

La competitividad de las naciones

Michael Porter plantea la relevancia de la competitividad de un país y concluye que el éxito de las naciones se debe principalmente a las circunstancias del mismo que apoyan al desarrollo de la estrategia más adecuada para un sector en particular.

Explica que las empresas que se encuentran en determinadas naciones logran el éxito internacional ya que son éstas las que otorgan características que permiten crear y mantener una ventaja competitiva (Porter 1990).

El autor plantea un "Diamante" que consta de cuatro atributos que relacionados entre sí determinan el entorno en el que las empresas locales compiten. A partir de estos factores, las empresas pueden desarrollar su ventaja competitiva, las cuales son:

Las condiciones de los factores: Se refiere a la mano de obra especializada o a la infraestructura, es decir, a los factores de producción del país.

Las condiciones de la demanda: Trata de la naturaleza de la demanda interna o de los servicios del sector.

Sectores afines y de apoyo: Hace mención a las industrias proveedoras y relacionadas en poder formar los clusters.

La estrategia, estructura y rivalidad de las empresas: Son las condiciones que conciernen a la creación, organización y gestión de las compañías.

Además existen dos variables adicionales que se incluyen en esta teoría: el azar y el Gobierno; ya que son elementos que pueden influir de manera importante en las industrias.

Michael Porter revela que ha habido una gran decepción en el desempeño de la mayoría de los países de América Latina y El Caribe (ALC), añadiendo que en la misma hubo demasiada concentración en las reformas macroeconómicas y en la infraestructura física, sin prestar suficiente atención a la parte microeconómica, como la competitividad y las acciones conducentes para mejorar la eficiencia. En el caso de Perú, anota…"sigue dependiendo de los recursos naturales".

Bajo este enfoque, Porter afirma: Es el turno de las empresas. Que las reformas macro son muy dolorosas; requieren grandes sacrificios, pero no generan, por sí solas, economías más productivas.

Que la productividad depende de las firmas, de su capacidad para competir en niveles más altos de eficiencia. Sólo hay una manera de crear riqueza y ésta es a través de las empresas, cuando pueden ser eficientes y productivas en bienes y servicios y venderlos al mercado internacional.

Diagnóstico de la competitividad de Perú

Seguidamente, se presenta un análisis de la competitividad de Perú basado en:

Los reportes realizados por el World Economic Forum (WEF),

El Institute For Management Development (IMD),

El Doing Business y,

Un breve acercamiento a un diagnóstico del país presentado por Michael Porter durante una conferencia dictada el año pasado y organizada por la Universidad del Pacífico. Finalmente, como ingrediente adicional de este análisis se presentan los lineamientos del Plan Nacional de Competitividad y del Consejo Nacional de

Planeamiento Estratégico, ambos generados al interior del estado peruano.

World Economic Forum (WEF)

El Reporte de Competitividad Global que el WEF publica anualmente, muestra que Perú ha ascendido cinco puestos con respecto al ranking del año anterior, esto no necesariamente se debe a una mejora significativa del país, sino principalmente a que otros países han disminuido de posición.

En el siguiente cuadro, se puede observar la evolución de Perú en el mencionado Ranking en los últimos tres años. A pesar, que el puesto del Perú en el Ranking en el periodo 2008-2009 ha mejorado con respecto al año anterior, el puntaje se ha mantenido. Así, luego de tres años el Perú solo ha logrado incrementar su puntaje en 0.1. De esta forma, se puede afirmar que Perú no presenta una mejora significativa con respecto al Ranking de Competitividad Global en los últimos años.

Cuadro 1. Ranking De Competitividad Global: Perú
Período 2007-2010

	Puesto	Puntaje
GCI 2007-2008 (Total 131 Países)	**86**	**3.9**
GCI 2008-2009 (Total 134 Países)	**83**	**3.9**
GCI 2009-2010 (Total 133 Países)	**78**	**4.0**

Elaboración propia.
Fuente: Datos extraídos de The Global Competitiveness Report 2009-2010.

El Reporte de Competitividad Global plantea 12 pilares fundamentales en toda economía de un para analizar la competitividad de un país. Según el mismo, las principales limitaciones que debe afrontar el Perú se encuentran en los siguientes pilares: Innovación, Infraestructura; y Salud y Educación Primaria. Cabe resaltar que estos dos últimos pertenecen a requerimientos básicos, es decir a condiciones mínimas que debe presentar un país para su desarrollo.

En cambio, la innovación es una característica que se logra desarrollar a partir del buen funcionamiento de los requerimientos básicos y los potenciadores de eficiencia.

A continuación, se presenta la evolución de los 12 pilares para el Perú en los últimos tres años.

Cuadro 2. Ranking De Competitividad Global: Perú

	GCI 2007-2008 (1)		GCI 2008-2009 (2)		GCI 2009-2010 (3)	
	Puesto (del 1 al 131)	Puntaje (del 1 al 7)	Puesto (del 1 al 134)	Puntaje (del 1 al 7)	Puesto (del 1 al 133)	Puntaje (del 1 al 7)
Requerimientos básicos	**94**	**3.9**	**94**	**4**	**88**	**4.1**
1. Instituciones	106	3.3	101	3.5	90	3.5
2. Infraestructura	101	2.6	110	2.5	97	2.9
3. Estabilidad Macroeconómica	78	4.7	67	5.0	63	4.7
4. Salud y Educación Primaria	95	5.1	95	5.1	91	5.1
Potenciadores De Eficiencia	**68**	**3.9**	**69**	**4.0**	**59**	**4.1**
5. Educación Superior y Técnica	84	3.6	89	3.6	81	3.8
6. Eficiencia En El Mercado De Bienes	67	4.1	61	4.2	66	4.2
7. Eficiencia En El Mercado Laboral	87	4.1	75	4.3	77	4.3
7. Sofisticación Del Mercado Financiero	46	4.7	45	4.7	39	4.7
9. Preparación Tecnológica	80	2.9	87	3.0	77	3.4
10. Tamaño De Mercado	53	4.0	50	4.2	46	4.4
Innovación y Factores De Sofisticación	**81**	**3.5**	**83**	**3.4**	**85**	**3.4**
11. Sofisticación Empresarial	63	4.1	67	4.1	68	4.0
12. Innovación	100	2.8	110	2.7	109	2.7

Elaboración propia. Fuente: Datos extraídos de The Global Competitiveness Report (1) 2007-2008, (2) 2008-2009 y (3) 2009-2010.

Table 6: The Global Competitiveness Index: Basic Requirements;
Table 7: The Global Competitiveness Index: Efficiency enhancers;
Table 8: The Global Competitiveness Index: Innovation and sophistication factors.

El cuadro anterior muestra que Perú a lo largo de los tres últimos años, mantiene como principales limitantes a los pilares que pertenecen a los requerimientos básicos.

Por otro lado, se puede observar que en esos años, el Perú ha subido de puestos en todos los pilares que pertenecen a los requerimientos básicos y a potenciadores de eficiencia. Sin embargo, en los que ha disminuido de puesto, son todos aquellos que están relacionados con la innovación y los factores de sofisticación.

Para poder analizar el grado de competitividad en Perú, es necesaria la comparación con respecto a los demás países estudiados.

El reporte clasifica a las 133 economías estudiadas en cuatro fases de desarrollo de acuerdo a dos criterios: niveles de ingreso per cápita y que el elemento que impulsa al país, es decir, si es a través de los requerimientos básicos; potenciadores de eficiencia; o la innovación y factores de sofisticación. Tomando en cuenta esto y para una mayor especificidad, se clasificó a los países sobre la base de los criterios de la siguiente tabla:

Cuadro 3. Cuadro Calificación Según PBI Per Cápita y Fases De Desarrollo

	Fases	**PBI Per Cápita (US $)**	**Puesto**
Muy Bien	3era: Factores Básicos	> 17,000	1 - 38
Bien	Transición	9,000 - 17,000	39 - 56

	entre 2 y 3era		
Promedio	2da: Eficiencia	3,000 - 9,000	57 - 82
Mal	Transición entre 1era y 2da	2,000 - 3,000	83 - 96
Pésimo	1era: Innovación	< 2,000	97 - 133

Elaboración propia.
Fuente: Datos extraídos de The Global Competitiveness Report 2009-2010. Table 3: List of countries/economies at each stage of development;
Table 2: Income thresholds for establishing stages of development.

En este caso, el Perú se encuentra dentro del promedio, junto con 22 economías, con un ingreso per cápita de US $ 4,453.

Asimismo, se procedió a clasificar a los países de acuerdo a los puntajes obtenidos en el reporte.

El máximo puntaje es de 5.60, obtenido por Suiza y el mínimo puntaje es 2.58 obtenido por Burundi. A partir de ello, se establecieron intervalos y se clasificó a los puestos según los puntajes. Con ello se corrobora que el Perú se encuentra dentro del promedio y con mucho por hacer si es que desea mejorar su Competitividad.

Calificación por puestos según puntaje		
	Puesto	**Puntaje**
Muy bien	1 - 19	5.00 - 5.60
Bien	20 - 43	4.40 - 4.99
Promedio	44 - 91	3.79 - 4.39
Mal	92 - 130	3.19 - 3.78
Pésimo	131 - 133	2.58 - 3.18

Elaboración propia. Fuente: Datos extraídos de The Global Competitiveness Report 2009-2010. Table 4: The Global Competitiveness Index 2009-2010 rankings and 2008-2009 comparisons.

Luego de identificar los tres pilares en los que el Perú tiene peor calificación, se analiza cada uno de ellos y se califica en función al análisis desarrollado anteriormente.

Cuadro 5. Calificación de los atributos por pilar

	Puesto	Pilar
Capacidad para innovar	84	mal
La calidad de las instituciones de investigación científica	118	pésimo
Gastos de las empresas en I&D	90	mal
Colaboración universidad - industria en I&D	104	pésimo
La contratación pública de productos de tecnología avanzada	104	pésimo
La disponibilidad de científicos e ingenieros	101	pésimo
Patentes utilizadas	90	mal
Infraestructura		
Calidad de la infraestructura global	102	pésimo
Calidad de las carreteras	93	mal
Calidad de la infraestructura ferroviaria	87	mal
Calidad de la infraestructura portuaria	126	pésimo
Calidad de la infraestructura del transporte aéreo	87	mal
Sitios disponibles por kilometros	47	bien
Calidad del abastecimiento eléctrico	69	promedio
Lineas telefónicas	87	mal
Salud y educación primaria		
Impacto de la malaria en los negocios	83	mal
Incidencia de la malaria	99	pésimo
Impacto de la tuberculosis en los negocios	90	mal
Incidencia de la tuberculosis	95	mal
Impacto del VIH / SIDA en los negocios	78	promedio
Prevalencia del VIH	78	promedio
Mortalidad infantil	75	promedio
Esperanza de vida	38	muy bien
Calidad de la educación primaria	131	pésimo
[illegible]	[illegible]	[illegible]

Institute for Management Development (IMD)

Según el reporte del IMD, el Perú se encuentra en la posición 41 entre las 58 economías seleccionadas en el World Competitiveness Yearbook (WCY). En el siguiente cuadro, se presenta la evolución del Perú con respecto a cada una de las variables analizadas en el reporte.

Cuadro sobre los Indicadores de Competitividad Mundial: Perú Período 2008-2010			
	2008	**2009**	**2010**
Ranking General	35	37	41
Desarrollo Económico	14	22	28

Eficiencia del Gobierno	32	41	35
Eficiencia de las Empresas	30	33	42
Infraestructura	52	49	57

Elaboración propia.
Fuente: World Competitiveness Online

En relación con el desarrollo económico, el Perú ha caído 6 puestos con respecto al año anterior y a lo largo de los últimos 2 años ha disminuido 14 posiciones. En relación con la eficiencia del Gobierno, entre el año 2008 y 2009, se dio una fuerte caída, sin embargo para el año 2010 se encuentra recuperándose. En cuanto a la eficiencia de las empresas, el país ha descendido 12 posiciones en los últimos 2 años.

Finalmente, el país ascendió 3 posiciones con respecto al año 2009, sin embargo descendió 8 posiciones en el año 2010. En cuanto a infraestructura, se considera el factor más crítico, ya que el Perú se encuentra en el penúltimo puesto del ranking.

Doing Business

A continuación, se presenta la evolución que ha tenido el Perú en el Reporte del Doing Business. Se puede observar que a lo largo de los últimos tres años se mantienen las mismas principales limitantes, es decir: apertura de un negocio, manejo de permisos para la imple- mentación del mismo, empleo a trabajadores y cumplimiento de contratos.

	2007 (1)	**2008 (2)**	**2009 (3)**	**2010 (4)**
	Puesto (1 de 175)	**Puesto (1 de 178)**	**Puesto (1 de 181)**	**Puesto (1 de 183)**
Ranking General	65	58	62	56
Apertura de un Negocio	92	102	116	112
Manejo de Permiso para la Implementación	121	109	115	117

Empleo de Trabajadores	158	159	149	112
Registro de Propiedad	32	35	41	28
Acceso a Crédito	33	36	12	15
Protección a los Inversionistas	15	15	18	20
Pago de Impuestos	135	77	85	86
Comercio Transfronterizo	93	71	93	91
Cumplimiento de Contratos	95	119	119	114
Cierre de un Negocio	73	94	96	99

Elaboración propia. Fuente: Reporte Doing Business (1) 2007, (2) 2008, (3) 2009, (4) 2010.

Para poder analizar el grado de competitividad del

Perú, al igual que en los análisis realiza- dos anteriormente, se comparará al país con respecto a los demás países que se encuentran en el reporte. El mismo clasifica a las 183 economías en cuatro segmentos sobre la base de los niveles de ingreso per cápita de cada país. Dado que el Perú se encuentra en el puesto 56, se concluye que está en el segmento de países con ingresos medios altos.

Diagnóstico de Competitividad de Perú de Michael Porter

Según Michael Porter, el Perú luego de toda una historia de inestabilidad económica ha logrado desarrollarse gracias a las políticas macroeconómicas empleadas, aplicándolas, sobretodo en años difíciles como durante la crisis financiera del año 2009.

Porter explicó que el crecimiento del país se ha dado debido a las inversiones extranjeras en el país y a las exportaciones primarias. Enfatizó que estas inversiones se dirigen principalmente al sector minería, hotelería y retail, y el crecimiento en base a la compra de empresas ya existentes. En ese sentido, Porter plantea que el gobierno debería trabajar más para mejorar el atractivo de otras industrias con mayor valor agregado económico y tecnológico.

Asimismo, sostiene que el Perú, no tiene una política ni una estrategia de largo plazo en temas de competitividad y, por tanto, es una economía que no tiene un rumbo definido. Esa responsabilidad no solo es del Gobierno, sino también de los empresarios y de la población en general.

Porter menciona que si bien el Perú ha progresado en la macroeconomía, ha sido mediocre en terrenos cruciales como la infraestructura, la educación o la competitividad. Desarrollarse macroeconómicamente no es suficiente, es necesario que también se vea una mejora económica pero de manera interna por todo Perú.

Para lograr esto, primero se debe aspirar a que toda la población tenga acceso a los servicios básicos, solo de esta manera la calidad de vida de los peruanos puede llegar a mejorar. Por otro lado, el tema del trabajo debe despegar, brindando igualdad y oportunidades para que los peruanos consigan trabajo. Pero, sobre todo la economía peruana debe diversificarse y dejar de depender de los productos extractivos y el comercio de commoditties.

Solo con una economía estable tanto externa como interna y buenas políticas sociales, el Perú podrá crear una ventaja competitiva sostenible.

Dentro de las fortalezas encontradas para Perú, Porter señala:

Apertura al mercado global mediante barreras arancelarias bajas y aceptación de la inversión extranjera en el país.

Mejora de mercados financieros como Soundness of Banks.

Mejora y sofisticación de compradores internos, demanda interna más desarrollada.

Fortalecimientos de políticas competitivas.

Dentro de las debilidades que identifica, se tiene:

Infraestructura física ineficiente

Bajo desarrollo de fuerza de trabajo

Dificultad de desarrollo de empresas debido a la baja competitividad entre ellas. Esto se debe a la poca intervención el estado en el cuidado de la propiedad intelectual de los empresarios peruanos al igual que todo el problema del mercado informal que afecta el desarrollo empresarial.

Deficiente tecnología e innovación debido a la baja calidad de educación y poca inversión en investigación para el desarrollo.

Este conocido autor plantea una serie de propuestas, las cuales se resumen a continuación:

Desarrollo de clusters en Perú:

Actualmente, el Perú tiene clusters con el potencial necesario para hacer que el país se desarrolle económicamente. Estos son el caso del cluster minero, pesca, agroindustrial, turismo y joyería. Para que estos dejen de ser superficiales y logren la sostenibilidad van a necesitar de mayor coordinación y apoyo del estado. Para el desarrollo del cluster se necesita que se comience a diversificar las actividades económicas por sector y darle mayor valor agregado para diferenciarlos.

Debido a la falta de desarrollo industrial y capital en el Perú, es necesario que se continúe promoviendo la inversión extranjera no solo para contar con los recursos pertinentes, sino, para abrir también al mercado global con una visión mundial. En todo esto, es de suma importancia, la participación del sector privado.

Regiones del Perú:

Se debe continuar con la descentralización del país, para esto se deben seguir desarrollando los gobiernos regionales. De esta manera, al tener regiones competitivas, al momento de interrelacionarlas se logrará un país mejor aprovechado, con mayor igualdad y colaboración regional-nacional.

Países vecinos del Perú:

El Perú ha dado el primer paso para dejar de ser una "isla" entre otros países. Con la firma de los tratados de libre comercio con Estados Unidos y China; el país empieza a mantener mayores relaciones con otros países de mundo, ampliando su mercado a escala global. Para seguir manteniendo relaciones con grandes potencias mundiales tanto económicas como comerciales es necesario que

Perú se integre con sus países vecinos de América del sur. De esta manera, se logrará mayor competitividad regional y apoyo mutuo.

Plan Nacional de Competitividad

En el año 2002, el Gobierno peruano creó el ***Consejo Nacional de la Competitividad*** (CNC), un organismo encargado de desarrollar e implementar el *"Plan Nacional de Competitividad"*, el cual desencadenó en diez lineamientos de la Estrategia Nacional de Competitividad.

Cuadro sobre los Lineamientos de la Estrategia Nacional de Competitividad

Articulación Empresarial y Clusters
Innovación y Transferencia Tecnológica
Educación
Reglas Claras y Estables
Estabilidad Jurídica
Institucionalidad Pública y Privada
Política Económica Transparente y Predecible
Mercado Financiero y de Capital
Infraestructura

Elaboración propia.
Fuente: Plan Nacional de Competitividad. Compite Perú.

Según el plan, la competitividad es la interacción entre instituciones, política e instituciones que apoyan la productividad de una empresa y por lo mismo, de un país. Los actores que deben participar en este plan son las empresas, el estado (política y proyectos) y la sociedad civil (fuerza de trabajo). Para llegar a una armonía entre los actores se les debe organizar y designar tareas.

Este plan tiene como objetivo contribuir al mejoramiento sostenible de la calidad de vida de la población peruana. Para poder llegar a este fin es necesario crear empleos dignos, es decir, de calidad y formales. Si se quiere crear o desarrollar puestos de trabajo dignos, es de suma importancia dinamizar la economía mediante la generación de la inversión privada, la cual es la fuente del crecimiento económico.

Considerando lo mencionado anteriormente, el primer propósito del plan es mejorar la competitividad de las empresas para su exitosa inclusión en el mercado global y así lograr el desarrollo social.

Para llegar a este propósito el plan selecciona indicadores que ayudan a medir el nivel de fortalecimiento del mismo, estos indicadores globales y ayudan a compararse con otros países. Mientras se observa lo que hace falta mediante un ranking mundial. Cumpliendo con todos los indicadores de manera competitiva, el Perú será una economía de crecimiento sostenible. Por otro lado, también contará con un clima de inversión favorable al desarrollo del emprendimiento y de las empresas de todo tipo y tamaño.

Consejo Nacional de Planeamiento Estratégico

Este consejo se estableció con la misión de crear un plan estratégico para Perú en los próximos años. Este plan se publicó en el año 2008 y desde el momento ha empezado a trabajar para lograr un país con una visión y misión claras.

El plan fue elaborado sobre la base de seis objetivos principales:

plena vigencia de los derechos fundamentales;

igualdad de oportunidades;

Estado descentralizado;

economía competitiva;

desarrollo regional equilibrado; y

aprovechamiento racional y sostenible de los recursos naturales.

Este planeamiento acumula el aporte de las principales fuerzas políticas, sociales y otras instituciones del país, cuyo objetivo es lograr el óptimo desarrollo económico y social del mismo, para buscar una mejor calidad de vida para todos los peruanos.

El consejo elabora un documento donde se establecen los objetivos y estrategias que se deben emplear para lograr un país más competitivo.

El documento en cuestión constituye un conjunto de medidas orientadas a políticas generales de largo plazo, las cuales deberán ser implementadas en los tres niveles de gobierno: nacional, regional y local.

Son objetivos del Sistema Nacional de Planeamiento Estratégico:

"Constituirse en el espacio institucionalizado para la definición concertada de una visión de futuro compartida y de los objetivos u planes estratégicos para el desarrollo nacional armónico, sustentable y descentralizado del país".

"Articular e integrar en forma coherente y concertada las diferentes propuestas y opiniones para la elaboración del Plan Estratégico de Desarrollo Nacional y los planes nacionales, sectoriales, institucionales y sub nacionales, así como las orientaciones, los métodos, los procesos y los instrumentos para el planeamiento estratégico".

"Promover y articular los programas de fortalecimiento de capacidades para el planeamiento estratégico".

"Desarrollar los procesos y las acciones para el monitoreo de la gestión para resultados de mediano, largo plazo, en coordinación con el Consejo Nacional de Competitividad, basada en los diferentes instrumentos de planeamiento estratégico y con orientación hacia la promoción de la modernización administrativa y el logro de estándares de eficiencia al servicio del ciudadano, así como de la mejora de los índices de competitividad del país para aprovechar las oportunidades que la dinámica internacional ofrece en el marco de los tratados internacionales de promoción, asociación y cooperación económica y comercial de los que el Perú es parte".

"Promover la cooperación y acuerdos entre los sectores político y privado en el proceso de formulación de los planes estratégicos nacionales, sectoriales, institucionales y sub nacionales, así como en la ejecución de los programas y proyectos priorizados en esos ámbitos, para asegurar el desarrollo nacional y la mejora constante de la competitividad del país".

"Promover la formulación de planes estratégicos, programas y proyectos con visión perspectiva de mediano y largo plazo, así como el desarrollo de los aspectos teóricos que los sustentan, aplicando un enfoque nacional contextualizado en el ámbito internacional, con prioridad en las relaciones y oportunidades que tienen su origen en los acuerdos internacionales de los que el Perú es parte".

A manera de conclusión: se está ante un reto de grandes dimensiones

Tanto el Plan Nacional de Competitividad como el Consejo Nacional de Planeamiento Estratégico tienen como fin desarrollar una mejora en la calidad de vida para todos los peruanos para ello se necesita que el país se desarrolle tanto económica, política como socialmente.

Para lograr tal desarrollo se debe impulsar una ventaja competitiva sobre bases sólidas. Para la medición de la competitividad del país ambos proyectos usan los mismos indicadores (World Economic Forum, Institute for Management Development y el Doing Business) de manera que los elementos evaluados por éstos, sirven además como temas para la implementación de iniciativas de mejora.

El cambio o lo que se espera del Perú, las evaluaciones mundiales revisadas y la apreciación de Michael Porter; permite concluir que la mejora macroeconómica es sólida. Sin embargo, el avance en los rankings aún es lento de modo que la tarea por desarrollar es amplia y el esfuerzo para avanzar en términos de competitividad será arduo.

Bibliografía:

Porter, Michael. " ***La ventaja competitiva de las Naciones".*** (1990).

World Economic Forum. Sección ***"Global Competitiveness Reports"***. (2010).

Enfoque Económico de Michael Porter. ***"Inversión Extranjera en Perú no viene a Construir Fábricas"***. (2009).

Consejo Nacional de Competitividad, Compite Perú. ***"Plan Nacional de Competitividad"***. (2008).

Consejo Nacional de Competitividad, Plan Nacional de Competitividad. ***"Buscando la inserción exitosa del Perú en el mercado global"***. Fin, propósito y objetivos estratégicos, (2008), p. 5.

Consejo Nacional de Planeamiento Estratégico. ***Objetivos obtenidos de la página web del CEPLAN***. (2010),

http://www.redalyc.org/articulo.oa?id=81680207

Diferentes Enfoques En Materia de Política Exterior de los Gobiernos de México entre 1930 Y 2012

Cristian Chavira Gallegos

Resumen: En este articulo se analizara las diferentes posturas en política exterior tomados por los dos gobiernos de México a lo largo de su historia estas posturas han ido cambiando por distintos factores internos y externos, entre 1930 y el 2012, comparando los dos gobiernos, en 71 años de mandato del Partido Revolucionario Institucional (PRI) frente a 12 años de gobierno del Partido Acción Nacional (PAN) durante este lapso de tiempo se les presentaron a los gobernantes distintos sucesos, se analizara que acciones y decisiones efectuaron para resolver la problemática, al igual se elabora una crítica sobre las consecuencias de sus acciones y la postura tomada exteriormente.

Palabras clave: Política Exterior, posturas partidistas, Derechos Humanos

Sumarió: I. Introducción, II. Antecedentes de la postura mexicana fundamentada en la Doctrina Estrada, III. Política exterior de México en los gobiernos del Partido Revolucionario Institucional (PRI), IV. Política Exterior de México en los gobiernos del Partido Acción Nacional (PAN), V. Conclusiones, VI. Bibliohemerografía

Introducción

A lo largo de la historia de México, la política exterior se ha distinguido por mantener un grado de continuidad, en cuestión de la no intervención entre los Estados, la autodeterminación de los pueblos, tomando como base fundamental el derecho internacional para llevar a cabo sus relaciones internacionales y tener una igualdad de Estados en la comunidad internacional.

El objetivo de este trabajo es informar a la sociedad mexicana así como también hacer una llamada de atención a estudiantes, académicos, estudiosos del tema, de cómo poco a poco se está perdiendo el interés de los gobiernos de llevar a cabo una política exterior concisa y fundamentada en los principios normativos expresados en la Constitución Política Mexicana, articulo 89 sección X[14].

---

[14] *Dirigir la política exterior y celebrar tratados internacionales, así como terminar, denunciar, suspender, modificar, enmendar, retirar reservas y formular declaraciones interpretativas sobre los*

Mucha gente dirá que la imagen y acciones que México tiene en el exterior es problema específicamente de los dirigentes del país, no olvidemos una frase que dice "el pueblo tiene al gobierno que merece". Poco a poco los últimos presidentes del nuevo milenio se fueron enfocando en los problemas internos del país, olvidando un poco las problemáticas externas, se está de acuerdo que para que un sistema funcione correctamente se debe tratar desde el interior, pero en una nación no

---

mismos, sometiéndolos a la aprobación del senado. En la conducción de tal política, el titular del poder ejecutivo observara los siguientes principios normativos: la autodeterminación de los pueblos; la no intervención; la solución pacífica de controversias; la proscripción de la amenaza o el uso de la fuerza en las relaciones internacionales; la igualdad jurídica de los estados; la cooperación internacional para el desarrollo; el respeto, la protección y promoción de los derechos humanos y la lucha por la paz y la seguridad internacional.

se debe de descuidar ni la política interna ni la política externa ya que están ligadas una con otra, al llevar una política exterior adecuada, tener una buena imagen con la comunidad internacional y mantener buenas relaciones diplomáticas con todos los países abre la posibilidad de mas inversión extranjera, la oportunidad de mayor celebración de tratados internacionales para el beneficio de toda la sociedad.

Antecedentes de la postura mexicana fundamentada en la Doctrina Estrada

La doctrina Estrada publicada en 1930 hace referencia de la soberanía de los Estados, la postura de no intervención en asuntos de otros países para, no dar pie a la intervención de países extranjeros en México (Palacios Treviño), planteándolo en un contexto más popular "No hagas lo que otros no quieras que te hagan". Esta doctrina era una respuesta a las amargas experiencias que México había enfrentado en el pasado y que por la mala organización interna y acciones externas estos problemas no se resolvieron de forma adecuada y tuvieran consecuencias para México.

Uno de estos dilemas fue la guerra de los pasteles este conflicto tuvo una primera fase diplomática y luego la armada. La causa fueron varias reclamaciones de comerciantes franceses que pidieron a su gobierno apoyo frente al gobierno mexicano, reclamaban exigencias e indemnizaciones por daños y saqueos a sus establecimientos, uno de los reclamantes era pastelero de ahí el origen del nombre de esta guerra. (Seara Vazquez, 1985)

El Secretario de Relaciones de México, Luis Cuevas ante el Congreso el 13 de septiembre de 1837, intervino con observaciones que los actos de saqueo no podían dar lugar a reclamaciones internacionales, esta intervención no fue bien recibida por Francia e inicio un intercambio de cartas de tono bastante fuerte. El 16 de abril Francia rompe las relaciones con México y la flota francesa inicia el bloqueo de las costas del Golfo, fracasadas otras negociaciones, el 21 de noviembre Francia envía un nuevo ultimátum con la amenaza de desencadenar las hostilidades, la flota francesa de 26 barcos lanza el ataque y desembarca tropas. (De la Peña, 1927)

Con el apoyo de Gran Bretaña, se celebraron finalmente negociaciones que permitieron la firma. El 21 de marzo el Tratado fue firmado por el presidente interino Antonio López de Santa Anna en nombre de México y por el rey de Francia el 6 de julio. Acababa así el conflicto, obligando a México a pagar los 600,000 pesos de indemnizaciones (Seara Vazquez, 1985). La guerra de los pasteles fue un conflicto que demostraba la mala organización interna del país mexicano y por otro lado daba un ejemplo del mal uso de los instrumentos de la política exterior que el más viable y correcto de utilizar en esa circunstancia para el Estado mexicano hubiere sido una diplomacia efectiva para evitar conflictos.

Otro acontecimiento importante en la historia de México fue la intervención americana y la pérdida de casi la mitad del territorio mexicano a manos de los estadounidenses.

Al México independizarse los Estados Unidos enviaron a un representante para firmar el tratado de los límites del territorio estadounidense y anexar la provincia mexicana de Texas. Posteriormente se inicia un proceso de ocupación pacífica en la que miles de emigrantes norteamericanos, se fueron estableciendo con o sin permiso de las autoridades mexicanas en esa región de Texas. Después de la firma del Tratado de Velasco en 1836 el gobierno estadounidense, se apresuró a reconocer la independencia de Texas, la anexión provocó que crecieran las tensiones entre los dos países. (Roa Barcenas, 1947)

El 25 de abril de 1846 la caballería mexicana derroto una fuerza norteamericana cerca de Matamoros este motivo fue una buena excusa para que el presidente Polk pidiera la declaración de guerra al Congreso. El Congreso norteamericano le declaró la guerra a México el 13 de mayo de 1846 como consecuencia de los actos agresivos de México. Sucesivas batallas fueron ganadas por los invasores avanzaron triunfantes en las batallas de Palo Alto y la Resaca de Guerrero o de la Palma, Monterrey, Saltillo De esta manera, se obtuvo la conquista de la ciudad de México. (Roa Barcenas, 1947)

La invasión norteamericana constituyó prácticamente un éxito para los norteamericanos, supieron aprovechar los momentos que vivía la República Mexicana cuando sus ciudadanos no lograban un acuerdo de autogobierno. Con la firma del "Tratado de Guadalupe Hidalgo" en el mes de febrero de 1848, México perdió más de la mitad de su territorio, y se inició el retiro de las tropas invasoras, el 15 de junio de 1848 terminó finalmente esta ocupación. (SEDENA, 2012)

Tales acontecimientos junto con otros factores que se adjuntaron a las problemáticas del país fueron unos de los más relevantes en la historia de México para que en 1930 se creara la doctrina Estrada, para tomar una postura diferente en el ámbito internacional y fortalecer lazos con los demás países.

Política exterior de México en los gobiernos del PRI

La política exterior de México siempre ha sido defensiva esto lo comenta Mario Ojeda en su libro *alcances y límites de la política exterior de México.* *"En el pasado, las amenazas extranjeras eran más fáciles de identificar y al menos la política exterior tenia posibilidad de encauzarse con mayor claridad a proteger los intereses nacionales"* (Ojeda, 1976). Es decir antes cuando estuvo en peligro la independencia o la seguridad del país después de su independencia de la corona española frente a las amenazas norteamericana y francesa las problemáticas nacionales e internacionales eran fáciles de identificar o se estaba a favor de la nación o en contra de ella.

Al igual Mario Ojeda identifico al gobierno del presidente Luis Echeverría como el inicio de una política exterior nueva y activa con esto no se refiere que previo al gobierno de Echeverría fue inactiva. México participo en discusiones sobre el desarme y el desarrollo económico en foros multilaterales así como también, el presidente Adolfo López Mateos viajo a varios países socialistas y se intentó diversificar un poco más las relaciones comerciales y diplomáticas con otros países, se intensificó el diálogo con el Movimiento de los Países No Alineados (Herrera, 2008).

Más tarde el presidente Gustavo Díaz Ordaz en su gobierno busco un acercamiento con Centroamérica y la firma del tratado de Tlatelolco el 14 de febrero de 1967 el cual el presidente Díaz Ordaz promovió, para la prohibición de armas nucleares en América Latina. Sin embargo en términos general la política exterior de México desde el fin de la Segunda Guerra Mundial y hasta antes de los setenta se había caracterizado según la perspectiva de Ojeda por ser pasiva defensiva y jurídica (Covarrubias, 2008)

México durante este lapso evitaba participar en asuntos internacionales para no entrar en alguna controversia con algún otro país, actuaba de manera unilateral y se concentraba en promover su propio desarrollo sin mirar al exterior, dados los acontecimientos de conflictos con otros países como es el caso de Francia y la intervención norteamericana.

México entre el lapso de 1929 y 1969 toma una postura pasiva en política exterior basada en los principios de no intervención y la autodeterminación de los pueblos, pero manteniendo estos principios bien claros, como para sí mismo y parar otros países esto se puedo observar, cuando país conservo su propia independencia en el materia de política exterior , en el caso de que México fue el único país en mantener relaciones con Cuba aun en contra de la resolución adoptada por los países miembros de la Organización de Estados Americanos (OEA) en 1964. Esta posición le costó a México sanciones económicas por parte de Estados Unidos al reducir, en 1965, la cuota azucarera en 50.000 toneladas. (Castillo Apitz, 2011).

La acción tomada, indicaba la postura de México manteniendo los principios de la no intervención y la autodeterminación de los pueblo. Con esto

México logró mantener cierta distancia con la interdependencia norteamericana logrando prestigio internacional y logro ser visto como un Estado confiable para países de diversas ideologías.

El ingreso del presidente Luis Echeverría Álvarez en 1970 dio una cambio diferente en cuestión de la política exterior del país tomo una postura más activa así lo denomina Ojeda. En seis años de gobierno el presidente Echeverría realizo 12 viajes internacionales y visito 36 países, 9 a Europa 4 a Asia 9 al Medio Oriente y África y 14 a Latinoamérica, fue el primer presidente mexicano que visito Cuba y la Unión Soviética, estuvo una ocasión en la OEA (organización de Estados Americanos), y en la ONU (Organización de Naciones Unidas) dos ocasiones, recibió a mas de 30 dejes de Estado. (Covarrubias, 2008)

México incremento el número de países con los que tenía relación de 67 a 129 países a raíz de esto firmo 160 tratados y acuerdos internacionales y creo el Instituto Mexicano de Comercio Exterior (IMCE) para fomentar las exportaciones, México estableció por primera vez relación con la República Popular de China. En materia de Derechos Humanos a nivel multilateral realizo la primera Conferencia Mundial sobre la Condición Jurídica y Social de la Mujer en la ciudad de México en 1975 y así colaborar con los objetivos establecidos por la Naciones Unidas en beneficio de la mujer como son: igualdad de género, eliminación de la discriminación por razones de género, integración y participación plena de la mujer en el desarrollo de los Estados. (Covarrubias, 2008)

El gobierno mexicano también expreso su preocupación por el estado de la democracia y los derechos humanos en España, el presidente Echeverría expreso las siguientes palabras contra el gobierno español:

"En defensa de los derechos humanos y con angustia sobre la amenaza a la paz, nosotros denunciamos ante la Naciones Unidos los serios sucesos que tuvieron lugar en España el años pasado. Nosotros estamos observando cuidadosamente el proceso de democratización en

España y esperamos junto con los sectores progresistas de esta nación que sea resuelta y acelerada su marcha" (Shapira, 1978)

El gobierno mexicano actuó con nunca lo había hecho pidió al Consejo de Seguridad que se solicitaría la expulsión de España de la ONU por la violación de los derecho humanos, el Consejo de Seguridad rechazo esta petición y el gobierno mexicano suspendió todas las comunicación de México con España. Para restablecer estas comunicaciones Echeverría declaro que se consolidara la libertad de prensa, que liberaran a los presos de las cárceles, que los emigrados sin distinción puedan regresar a su patria (Covarrubias, 2008).

Este acto del presidente mexicano ejemplificaba otra postura básica para la política exterior de México la ayuda y el fortalecimiento de los derechos humanos, Con todos estos acontecimientos y acciones elaboradas por el presidente Luis Echeverría, planteo y llevo a cabo una nueva diplomacia y una política exterior más activa apoyando los fundamentos de no intervención y fortalecimiento de la soberanía.

Inicia el año de 1976 y un nuevo presidente priista toma el cargo de la presidencia, José López Portillo es electo con una tarea difícil de reivindicar la nación de México, tanto la política exterior como la interior tenían una nueva perspectiva, el país atravesaba una crisis económica dejada por el presidente Echeverría, la inversión privada había disminuido, el gasto público aumentó de forma considerable, emitiendo papel moneda sin valor y la deuda externa aumentó de 6,000 millones de dólares que había heredado Díaz Ordaz a más de 20,000 millones (Presidentes, 2009).

De acuerdo con lo anterior, se le impide dar un mayor protagonismo al país internacionalmente y tomar una política más pasiva enfocándose en las problemáticas internas, para el año de 1979 cambia el rumbo de México drásticamente con los hallazgos petroleros encontrados en el país. Se descubrieron nuevos yacimientos de petróleo en Tabasco, Chiapas y Campeche, lo cual ayudó a que

México fuera el primer exportador de crudo y de esa forma el producto interno bruto se elevó a un 8 por ciento anual y esto contribuyó a que la tasa de desempleo se redujera en un 50 por ciento, de esta manera la economía y la postura del presidente Portillo se enfoco en la explotación de hidrocarburos. (Ortiz de Zarate, CIDOB, 2011)

En materia de política exterior no se efectuaron muchos actos importantes y trascendentes, los acontecimientos más importantes fueron en 1981 el presidente propuso a la Organización de las Naciones Unidas el plan mundial de recursos energéticos, y para finales del mismo año se realizó la Cumbre Norte-Sur en la ciudad de Cancún, Quintana Roo con el objetivo de promover el diálogo entre los países del Primer y Tercer Mundo. A pesar del hallazgo petrolero el gobierno de Portillo no pudo revertir la mala encomia del país algunos historiadores señalan a los gobiernos de portillo y Echeverría como la "la docena trágica "debido a los índices bajos de economía y el estancamiento del país internamente. La política exterior de este sexenio no planteo cambios importantes y efectuó una pasividad internacional. (Ortiz de Zarate, CIDOB , 2011)

En el sexenio de Miguel de la Madrid se vio una reducción del interés de México en el entorno internacionalista y tercermundista, y un aumento del interés internacional en las problemáticas latinoamericanas, sobre todo en los conflictos centroamericanos. Esto se puede observar en que el presidente mexicano se convirtió en un actor clave del Grupo de Contadora, foro informal de creado el 9 de enero de 1983 en esta isla panameña por los cancilleres de México, Colombia, Venezuela y Panamá con el objetivo de promover una salida pacífica y negociada en las guerras civiles de Nicaragua, El Salvador y Guatemala a través de negociaciones multilaterales. (Ortiz de Zarate, CiDOB, 2012)

La administración de De la Madrid desarrollo las relación bilaterales con Estados Unidos prueba de estos son las 6 cumbres internacionales celebradas por Miguel de la Madrid y Ronald Reagan en ambos lados de la frontera. En 1984 México formó parte del grupo de "los seis" cuyos países fueron: Argentina, India, Grecia, Suecia y Tanzania, pedían ponerle fin a la carrera armamentista. En 1986 México fue admitido al *General Agreement on Tariffs and Trade* (GATT). Dicha organización trabajó bajo un acuerdo multilateral creado en la Conferencia de La Habana en 1947 para establecer un conjunto de normas comerciales para regular la economía de todo el mundo después de la Segunda Guerra mundial (Ortiz de Zarate, 2012).

En 1988 con la entrada de un tecnócrata[15], economista a la presidencia como lo es Carlos Salinas de Gortari, México sufrió el cambio más importante y trascendental hablando en el tema de política exterior y la relaciones internacionales específicamente con Estados Unidos, se trata de la

---

[15] *Definición expresada en el Diccionario de la Real Academia Española: Técnico o persona especializada en alguna materia de economía, administración, etc., que ejerce su cargo público con tendencia a hallar soluciones eficaces por encima de otras consideraciones ideológicas o políticas*

celebración y firma en 1994 del Tratado de Libre Comercio de América del Norte un tratado trilateral entre Estados Unidos, México y Canadá el cual no solo modifico la forma de importación y exportación entre estos países sino la forma de cómo se proyectaba México en un entorno internacional.

Con la ratificación del TLCAN, poco a poco iba aumentando su grado de globalización, la relación con Estados Unidos le favorecía inmensamente a México ya que los Estados Unidos cada vez iban perfilándose a postularse como potencia hegemónica en todos los aspectos y esto lo percibió Carlos Salinas al enfocar su sexenio en fortalecer sus lazos con Norteamérica

Con el propósito de diversificar en lo posible el aumento comercial, México fue el primer país latinoamericano que ingresó en la Cooperación Económica Asia-Pacífico (APEC), el 20 de noviembre de 1993, y la admisión, el 18 de mayo de 1994, en la Organización para la Cooperación y el Desarrollo Económicos (OCDE), exclusivo club del capitalismo internacional que hasta entonces no había permitido la entrada a ninguno de los nuevos países industrializados, le permitió identificarse con el primer mundo económico, sin embargo México continuo anclado entre los países de desarrollo medio. (Ortiz de Zarate, CIDOB , 2011)

Se firmo otro Tratado de Libre Comercio con Bolivia, el 10 de septiembre de 1994, y un Acuerdo de Complementación Económica con Chile, el 22 de septiembre de 1991.Tambien Salinas, con gran prestigio internacional, en Guadalajara el 18 y el 19 de julio de 1991 de la I Cumbre Iberoamericana en el que se encontraban todos los países de América Latina más España y Portugal. Visto la cantidad de tratados celebrados por el sexenio del presidente Salinas se ve claramente la ambición de elevar el nivel de México internacionalmente en el ámbito económico, la acción más sobresaliente es la firma del TLCAN, esto demuestra la visión de economista que tenia Salinas, si las relaciones se fortalecieron en cuestión de política exterior pero solo económicamente pero en esos tiempos era fundamental para México para crear y mantener una nueva imagen internacional basada en la diplomacia economía y así dejar a un lado los conflictos exteriores políticos, en cuestión de derecho humanos y relaciones políticas sobreponiendo las económicas entre los Estados. (Ortiz de Zarate, CIDOB , 2011)

Para el próximo sexenio gobernado por Ernesto Zedillo se observa una continuidad de la política optada por Salinas, se buscaba el fortalecimiento de la relaciones con Estados Unidos viéndose esto reflejado en las importaciones y exportaciones con el país vecino que tenia las tres cuartas partes de todas las transacciones comerciales de México. En 1998 el 76 por ciento de las exportaciones y el 70 por ciento de las importaciones mexicanas tuvieron a Estados Unidos como destino y origen su valor sumó los 187.000 millones de dólares, cifra que era un incremento del 120 por ciento con respecto a 1993. (Ortiz de Zarate, CIDOB, 2011)

En enero de 1995 entraron en vigor los TLC con Costa Rica el 5 de abril de 1994 y con Bolivia el 10 de septiembre siguiente, y el 1 de julio de 1998 al establecido con Nicaragua, continuaron las negociaciones con Panamá, Perú, Ecuador al igual también con Honduras, Guatemala y El Salvador. Con estos tres países que forman el d Triángulo Norte Centroamericano (Ortiz de Zarate, CIDOB, 2011).

La voluntad de México de relacionarse con Europa durante el gobierno de Zedillo, aportando opiniones en temas como los Derechos Humanos y la democracia, quedó ejemplificada con la entrada en el Consejo de Europa como observador permanente el 1 de diciembre de 1999. Zedillo fue también el inspirador de la cumbre internacional especial contra la droga que del 8 al 10 de junio de 1998 reunió a 30 de jefes de Estado y de Gobierno en la sede de Naciones Unidas en Nueva York. En el sexenio de Zedillo se sigo optando por las relaciones económicas internacionales y el fortalecimiento de las mismas no dejando a un lado el apoyo a las Naciones Unidas en el tema de Derechos Humanos y promoción de los mismo, acto que Salinas de Gortari no enfatizara mucho en su gobierno. (Ortiz de Zarate, CIDOB , 2011)

IV. Política Exterior de México en los gobiernos del PAN

Entraba un nuevo milenio y con ello un nuevo gobierno para México después de 71 años de mandató priista un nuevo partido con ilusiones y propuestas de un cambio totalmente diferente para la nación tomaba el poder el PAN postulaba y ganaba las elecciones del sexenio 2001-2006 con Vicente Fox Quezada. Durante el gobierno de Fox se plantearon tres objetivos centrales para la política exterior de su gobierno: Proyectar una nueva imagen de México frente a la comunidad internacional; priorizar la relación estratégica con Estados Unidos y fortalecer la presencia de México en los principales foros multilaterales (Gobierno de los Estados unidos Mexicanos, 2001).

El planteamiento inicial de Fox de convertir a México en una nación líder en el Latinoamérica empezó 15 de junio de 2001 con la firma en San Salvador, un proyecto trazado por Fox, el cual era el

Plan Puebla-Panamá (PPP)como el principal instrumento impulsor del desarrollo y la integración regionales, favoreciendo a los siete países de Centroamérica y a los estados menos desarrollados del sur de México, promovía un desarrollo económico, humano y en infraestructuras, la inversión productiva, y vincular ésta en la economía globalizada a través de la de tratados de libre comercio (Ortiz de Zarate, CIDOB, 2011).

A partir de la firma de este tratado y el seguimiento al Área de Libre Comercio de América (ALCA) planteaba un futuro prometedor para la política exterior mexicana de fortalecer las relaciones con Estados Unidos y abrir una posibilidad de un acuerdo migratorio entre ambos países, volver a la senda de cooperación, de relaciones diplomáticas y económicas con Latinoamérica que se habían olvidado un poco en las dos anteriores administraciones priistas sin dejar a un lado los Derechos Humanos. (Ortiz de Zarate, CIDOB , 2011)

Pero uno de los casos más controversiales en esta administración fue cuando en 2002 México votó en la Comisión de Derechos Humanos a favor de revisar la situación en Cuba, cuando tradicionalmente se había abstenido de hacerlo manejando una postura de no intervención entre Estados con esta acción Fox rompía una tradición de posturas priistas fundamentadas en la Doctrina Estrada. Esta acción desencadeno otras problemáticas con la isla Cubana, El 21 de marzo de 2002 se creó un dilema con el abandono de Fidel Castro de la cumbre de Monterrey, según él, "por una situación especial" creada por su presencia allí. Ya en La Habana, el dictador cubano aseguró que Bush había condicionado su participación en la conferencia de la ONU. El 19 de abril México por vez primera votó en contra de Cuba en la Comisión de Ginebra, facilitando la aprobación de una resolución en la que se insistía al gobierno de cubano que hiciera progresos en el campo de los Derechos Humanos. (Ojeda, México y Cuba Revolucionaria: Cincuenta Años de Relación, 2008)

Tres días después de la votación, de México en Ginebra , Castro en persona divulgó en una rueda de prensa una conversación telefónica sostenida con Fox el 19 de marzo, en el que invitaba a Castro a que limitara su participación en la cumbre de mandatarios en Monterrey además debería abstenerse de críticas en contra de este incidente creado por las malas decisiones ya acciones del presidente Fox olvidando los principios fundamentales de la política exterior mexicana como los son la soberanía nacional y la no intervención dio lugar al incidente llamado popularmente "comes y te vas", esto contribuyó a empeorar la crisis en las relaciones diplomáticas cubano-mexicanas quedaron al borde de la ruptura. (Ojeda, México y Cuba Revolucionaria: Cincuenta Años de Relación, 2008)

Otro acontecimiento que se le presento al presidente mexicano, con olvido a los fundamentos mexicanos, mostrando una toma de decisiones unitaria así como también atentando a la violación derechos humanos fue cuando México retiró a su embajadora en La Habana y demandó al representante cubano que hiciera también las maletas. Fue después de condenar Castro con duras palabras la tercera votación consecutiva de México contra su régimen en la Comisión de Derechos Humanos de Ginebra. El 27 de mayo dio por terminada la crisis diplomática, el anuncio del próximo regreso de los embajadores y de la normalización de las relaciones, confirmado por los ministros en La Habana. (Pellicer, 2011)

Estas problemáticas con Cuba, no solo tuvieron un problema bilateral entre estos países, hubo problemas consecuentes a los sucedido con otros gobiernos de izquierda apoyando al país cubano y críticas contra los Estados Unidos, y esto ayudado con las malas decisiones tomadas al momento de intervenir o hablar en asuntos internacionales del presidente Fox donde tuvo controversias con Hugo Chávez presidente de Venezuela en un enfrentamiento en la IV Cumbre de Las Américas, en Mar del Plata, Argentina en el 2005, Chávez se dedicó a ridiculizar a Fox y de que el ALCA estuviera "enterrada" y de que fuera a ser sustituida por su Alternativa Bolivariana para las Américas (ALBA). (Herrera de Noble, 2005)

Fox, defendió la reposición en el orden de prioridades del relanzamiento del ALCA, y llegó a advertir que aquella, dado que contaba con el apoyo de 29 países, podría ponerse en marcha sin la presencia de Venezuela y de los cuatro países del MERCOSUR esto irritó al presidente anfitrión y miembro del MERCOSUR, Néstor Kirchner, dando pie a un áspero cruce de palabras. Entre una serie de discusiones y ultimátum por parte de México y Venezuela. El Gobierno venezolano ordeno la retirada del embajador en México, Vladimir Villegas. En consecuencia, Derbez mandó regresar al embajador en Caracas, Enrique Loaeza Tovar. Las relaciones mexicano-venezolanas quedaron reducidas al nivel de encargados de negocios. (Herrera de Noble, 2005)

Estos sucesos donde pusieron en duda la postura internacional que México venía mostrando a lo largo de su historia fueron en su mayoría provocados en primera por la ambición del partido panista de eliminar la imagen creada por el PRI en las décadas anteriores y proyectar una nueva imagen basada en el PAN, así como también las acciones que el presidente Fox incorrectamente hizo mostrando falta de experiencia e ingenuidad al momento de que Castro mostrara las grabaciones que en la misma Fox mencionaba serian privadas mostrando una falta de soberanía ya que esto se provocó por la incomodidad que tenía el presidente Bush en contra de Castro y en el caso de Venezuela cayendo en discusiones provocadas por ambos presidentes Fox y Chávez, que solo llevaron a la ruptura de las relaciones entre los países.

Al tomar el poder Felipe Calderón se limitó en cuestión de política exterior a corregir los errores más notorios de Fox. Desde el inicio de su mandato intentó recomponer relaciones con América Latina, en especial con Cuba y Venezuela. Aunque lenta y no exenta de tropiezos, la normalización de relaciones con ambos países se ha dado. Sin embargo, su sexenio ha sido marcada la tendencia de la política exterior de bajo perfil, el gobierno en se ha dedicado casi de forma absoluta a resolver asuntos internos. La "guerra contra el narcotráfico", las crisis económicas provocadas por la recesión estadunidense en el 2008, la epidemia de influenza, han absorbido la atención del gobierno preocupándose por las cuestiones específicamente internas y dejando las externas a un lado. (Castillo Apitz, 2011)

El Programa Nacional de Desarrollo 2007-2012 asegura que la política exterior debe proteger y promover activamente los derechos de las comunidades de mexicanos que residen en el exterior un claro ejemplo del fallo de este objetivo y nula intervención o acciones para contrarrestar eso es la la reforma migratoria en Estado Unidos llamada, la Ley Arizona que van totalmente en contra de los Derechos Humanos de los inmigrantes en el país vecinos y ante esto la presidencia no mostro ningún acción diferente que pudieres revertir esa reforma migratoria y así poder proteger a nuestros connacionales en el país vecino.

V. Conclusiones

A lo largo del texto anterior se ha visto como la política exterior de México ha ido cambiando poco a poco dependiendo de muchas factores tanto internos como externos y la época en que cada presidente gobernó. La política de México ha pasado por tres etapas: primero tuvo una postura o inclinación jurídica de respeto al derecho internacional y la doctrina Estrada, después se orientó hacia el ámbito político y se mostró más activa, finalmente fue adquiriendo una postura más económica con la celebración de múltiples tratados de comercio.

Se ha identificado que a lo largo de la historia y específicamente en los últimos 12 años los gobiernos no han elaborado un trabajo corrector en su política exterior, si, se planteo en sus plan de desarrollo para cada sexenio pero no se resolvieron correctamente las problemáticas, si se hubieren seguidos los lineamentos que son anterioridad México había expresado como carta de presentación frente a la comunidad internacional. Se hubieran evitado algunas controversias con países como sería el caso de Cuba y Venezuela que iniciaron por comentarios inadecuados por parte de los presidentes, Castro por parte de Cuba y Chávez por Venezuela y esto agravo más el conflicto con una seria de respuestas del presidentes mexicano inadecuadas. Un acontecimiento que puso en duda la postura que manejaba la política exterior de México fue una cierta dependencia a los Estados Unidos en la votación a favor de los Derecho Humanos en Cuba, siendo que en el pasado con los gobiernos priistas México se había abstenido de realizar este voto. A raíz del nuevo gobierno iniciado en el años 2000 nos deja una duda sobre qué tipo de política exterior opta México ,si ya se observó que con acciones no muy gratas dejo a un lado aquella política fuerte concisa fundamentada en una Doctrina Estrada y apegada a un Derecho Internacional para el bien común de los Estados. Como se pudo ver México manejo diferentes enfoques y posturas a los largo de su historia en materia de política exterior ahora con la elección de

Enrique Peña Nieto para presidente del sexenio 2012-2018 nos deja la pregunta de qué postura tomara ¿Regresara a la postura priista? O tomara otro enfoque totalmente diferente ya que los tiempos y situaciones de la comunidad internacional han cambiado.

El pueblo mexicano puede tomar cartas en el asunto presionando a nuestro gobierno, a que primero que nada defienda los derechos humanos tanto de sus nacionales en el territorio mexicano como en el extranjero y que se apegue a lo estipulado en la Constitución Mexicana Artículo 89 sección X

Dirigir la política exterior y celebrar tratados internacionales, así como terminar, denunciar, suspender, modificar, enmendar, retirar reservas y formular declaraciones interpretativas sobre los mismos, sometiéndolos a la aprobación del senado. En la conducción de tal política, el titular del poder ejecutivo observara los siguientes principios normativos: la autodeterminación de los pueblos; la no intervención; la solución pacífica de controversias; la proscripción de la amenaza o el uso de la fuerza en las relaciones internacionales; la igualdad jurídica de los estados; la cooperación internacional para el desarrollo; el respeto, la protección y promoción de los derechos humanos y la lucha por la paz y la seguridad internacional.

VI. Bibliohemerografia

Castillo Apitz, M. (2011). *Scielo.* Recuperado el 01 de Noviembre de 2012, de Mexico-Estados Unidos: Hacia una nueva diplomacia: http://www.scielo.org.ve/scielo.php?script=sci_arttext&pid=S0254-16372011000200006&lng=pt&nrm=iso&tlng=pt

CNN Mexico. (20 de Agosto de 2012). *CNN en español version Mexico.* Recuperado el 01 de Noviembre de 2012, de El número de homicidios en México se incrementó en 2011, según el INEGI: http://blogs.cnnmexico.com/ultimas-noticias/2012/08/20/el-numero-de-homicidios-en-mexico-se-incremento-en-2011-segun-el-inegi/

Covarrubias, A. (Enero-Junio de 2008). *Colegio de Mexico.* Recuperado el 01 de Noviembre de 2012, de La politica Exterioir activa..... Una vez mas: http://codex.colmex.mx:8991/exlibris/aleph/a18_1/apache_media/XF4QRSGG2MKLTNJIBI3FNV2Y46HUSR.pdf

De la Peña, A. (1927). *Archivo Historico Diplomatico Mexicano.* Mexico: SRE.

Gobierno de los Estados unidos Mexicanos. (2001). *Plan de Desarrollo 2001-20006.* Mexico: Presidencia de la Republica.

Herrera de Noble, E. (2005). Roce Diplomatico: Declaraciones Cruzadas. *El Clarin* .

Herrera, H. (01 de mayo de 2008). *El aguila, El jaguar y la serpiente.* Recuperado el 01 de Noviembre de 2012, de Breve Historia de la politica exterior de mexico 1940-1982: http://nohoch-balam.blogspot.com/

Ojeda, M. (1976). *Alcanses y limites de la politica exterior de Mexico.* Mexico: Colegio de Mexico.

Ojeda, M. (2008). *México y Cuba Revolucionaria: Cincuenta Años de Relación.* Mexico: Colegio de Mexico.

Ortiz de Zarate, R. (06 de Junio de 2011). *CIDOB* . Recuperado el 2 de Noviembre de 2012, de Centro de Estudios y Documentacion Internacional de Barcelona: http://www.cidob.org/es/documentacion/biografias_lideres_politicos/america_del_norte/mexico/carlos_salinas_de_gortari

Ortiz de Zarate, R. (06 de Junio de 2011). *CIDOB*. Recuperado el 02 de Noviembre de 2012, de Centros de Estudios y Documentacion Internacional de Barcelona: http://www.cidob.org/es/documentacion/biografias_lideres_politicos/america_del_norte/mexico/ernesto_zedillo_ponce_de_leon

Ortiz de Zarate, R. (16 de Abril de 2012). *CiDOB*. Recuperado el 02 de Noviembre de 2012, de Centro de Estudios y Documentacion Internacional de Barcelona: http://www.cidob.org/documentacion/biografias_lideres_politicos/america_del_norte/mexico/miguel_de_la_madrid_hurtado

Palacios Treviño, J. (s.f.). *doctrina Estrada diplomaticos escritores.* Recuperado el 01 de Noviembre de 2012, de diplomaticos escritores: http://www.diplomaticosescritores.org/obras/DOCTRINAESTRADA.pdf

Pellicer, O. (2011). México y Cuba: un drama en tres actos. *letras libres* .

Presidentes. (2009). Recuperado el 02 de Noviembre de 2012, de Los Presidentes de Mexico: http://presidentes.mx/55-Presidente-de-Mexico-Luis-Echeverria-Alvarez.php

Roa Barcenas, J. M. (1947). *Recuerdos de una Invacion Norteamericana.* Mexico: Porrua.

Seara Vazquez, M. (1985). *Politica Exterior de Mexico.* Mexico: coleccion textos universitarios en ciencias sociales.

SEDENA. (9 de Julio de 2012). *Secretaria de la Defensa Nacional.* Recuperado el 01 de Noviembre de 2012, de La Invacion Norteamericana SEDENA: http://www.sedena.gob.mx/index.php/conoce-la-sedena/antecedentes-historicos/ejercito-mexicano/la-invasion-norteamericana

Shapira, Y. (1978). La politica exterioir de Mexcio bajo el regimen de Echeverria:retrospectica . *Foro internacional:Mexico D.F El Colegio de Mexico* , 62-91.

Violaciones a los Derechos Humanos en los Actuales Conflictos Árabes

Edna Yesheira García Solís

RESUMEN: El año 2011 tuvo eventos y cambios significativos para los países árabes y mayor parte del norte de África, en ese año la población se manifestó demandando un cambio extremo al que estaban siendo regidos, estos movimientos tuvieron consecuencias tanto favorables como desagradables incluso denigrantes. A este movimiento se le otorgo el nombre de "Primavera Árabe" donde las numerosas poblaciones de comunidades diferentes estaban unidas por una causa en común: una protesta llena de frustración, de ira, implorando por un falló a favor a la democracia, ese año tuvo hecho histórico el como miles de almas parecían haberse unido en una sola voz tratando de alcanzar un mismo propósito, la fuerza y el valor fueron dos características sobresalientes en este despliegue.

I. INTRODUCCIÓN

La intención del presente artículo pretende analizar como los conflictos en varios países tienen un mismo común denominador, que es la violación de los derechos humanos que orilló a los civiles a manifestarse en contra de lo que ellos consideran un mal gobierno, en este artículo se mostrará el orden de los acontecimientos que llevó al conflicto actual de Siria, que irónicamente no fue el detonador de la llamada primavera árabe.

Se expone una breve reseña de lo que son los derechos humanos y de los artículos que se han ido quebrantando debido a las guerras o revoluciones, también se cuestionara las acciones por parte de la Organización de Naciones Unidas, que hasta ahora ha dado resultados poco alentadores y parece mostrar ambigüedad de intereses en resolver o disminuir el grave problema.

Es también interesante señalar como cada uno de los países tienen en común que han sido regidos por un largo período bajo una misma persona, la cual fue violando los derechos humanos, entre ellos la libertad de expresión, el respeto a la vida, la libertad de elegir y usando la opresión como control para garantizar su poder y su tiempo de mandato, estrategia que tenia sentencia como una bomba de tiempo, por largo lapsos sin embargo en el contexto actual estalló.

II. Derechos Humanos

¿Qué y cuáles son los derechos humanos?

Los derechos humanos son derechos inherentes al ser humano sin distinción o discriminación alguna la libertad sean derechos civiles y políticos como el derecho a la vida, la igualdad ante la ley y la libertad de expresión; los derechos económicos, sociales y culturales, como el derecho al trabajo, la seguridad social y la educación; o los derechos colectivos, como los derechos al desarrollo y la libre determinación, todos son derechos indivisibles, interrelacionados e interdependientes. El avance de uno facilita el avance de los demás. De la misma manera, la privación de un derecho afecta negativamente a los demás. [16]

---

[16] (Naciones Unidas, 1946)

Definido lo que son los derechos humanos, es necesario dar un repaso sobre lo ocurrido en cada país, de cada suceso del movimiento "Primavera Árabe" y de como se ha cometido violación contra los derechos humanos.

III. Túnez

El gran pionero de este movimiento para combatir la mala calidad de vida fue Túnez, con numerosa presencia de jóvenes se comenzó esta rebelión con una serie de protestas demócratas, la reacción tan agresiva por parte de la población hacia el aumento excesivo de precio de los alimentos básicos, el cansancio de la corrupción, hartos de las malas condiciones de vida y la falta de oportunidades para superar la crisis económica, el fuerte desempleo, exigiendo mayores libertades, pidiendo la dimisión de los responsables de corrupción fueron motivos de una lucha para finalizar la errónea forma de gobernar.

Este anterior levantamiento no estaba enfocando solo en querer derrocar a su entonces presidente que yacía en el mandato desde 1987 sino para tener un cambio significativo en cuanto a reformas para poder tener por primera vez elecciones multipartidistas y un respeto mayor a los derechos humanos.

Inicialmente el presidente Ben Ali mandó a reprimir toda manifestación que se extendía en el país produciendo un aproximado de 66 muertes en un mes, conforme la revolución se esparcía y parecía imparable, dio la orden de parar los disparos por parte de las fuerzas de seguridad y anunció que dejaría el poder y prometió libertad en los medios de comunicación e incluso prometió el internet, debido a la presión de la gran magnitud de las protestas, el presidente huyó del país cediendo el poder al primer ministro y pasando un poco más del mes el primer ministro anunció su dimisión.

En octubre tras las elecciones de la nueva Asamblea Nacional Constituyente (Amnistía internacional 2012)[17] el gobierno tomó medidas positivas para finalizar con los abusos y las violaciones cometidos en su pasado, en cuanto a las autoridades destinaron

---

[17] (amnistía internacional 2012)

una ley para una mejor organización. En noviembre se aprueba la ley de prensa, de libertad a los medios de comunicación (amnistía internacional 2012), aunque la población tunecina sigue sufriendo niveles de pobreza y desempleo a un año de la revolución, pueden vivir con la esperanza y con optimismo para un mejor futuro.

IV. Egipto

El movimiento mencionado tuvo efecto dominó en sus países vecinos, inspirados en la rebelión tunecina, Egipto por su parte llevaba a cabo por varios grupos sociales manifestaciones por el exceso de abuso de autoridad policial, altas tasas de desempleo, el deseo de incrementar el salario mínimo, mejorar las viviendas, los alimentos, parar la corrupción, la falta de libertad de expresión, las pobres condiciones de vida, estas fueron sus protestas y la principal meta de los egipcios era la dimisión forzada del presidente Hosni Mubarak quien perduró en el poder durante 30 años, misma cantidad de años de opresión.

Las manifestaciones no eran tema nuevo, pero las últimas protestas en el año 2011 han sido catalogadas como los acontecimientos más graves de la sociedad civil donde al menos 840 personas resultaron muertas y más de 6,000 personas heridas por las fuerzas de seguridad, quienes disparan sin precaución alguna, abrían fuego aun sin que los civiles mostraran amenaza para nada, ni para nadie, se hicieron muchas detenciones a miles de activistas que fueron torturados, incluso algunos los desaparecieron forzosamente por semanas, siendo que algunos simplemente desaparecieron (amnistía internacional 2012), luego de estos hechos, sucedieron nuevas manifestaciones exigiendo la aceleración del proceso de transición democrática, la celebración de las nuevas elecciones tuvo fecha el 21 de Julio del 2011 siendo elegido el presidente Mohamed Morsi.

A pesar de que ha pasado un año siguen las promesas de libertad de expresión, mayor participación en la vida política, un futuro mejor para los egipcios, miles de ellos siguen viviendo en malas condiciones de vida, esperando a que su vida de un giro de cambio favorable.

V. Libia

Fue un muy mal comienzo de año nuevo para Libia, pues le dio la bienvenida al año 2011 comenzando una guerra civil enfrentando un conflicto internacional con el gobierno de Muamar Gadafi contra sus opositores.

El origen de la guerra se debe a la represión de las manifestaciones y protestas que eran motivadas por la falta, violación de derechos fundamentales y por la tan prolongada dictadura, mientras el gobierno Libio tomaba medidas para recuperar el control del país, el intento de recuperar el orden atentaba contra los derechos humanos de sus civiles y la seguridad de la población, en los primeros meses de la guerra civil se estima alrededor de entre 10 y 15 mil muertos tanto de fuerza de seguridad como de civiles, en medio del caos se consta de casos de violencia sexual y crímenes de guerra, desapariciones forzosas y torturas cometidas por el ejército de Gadafi.

La guerra terminó con la derrota del régimen de Gadafi que tenía 40 años en el poder, sin embargo el fin de la guerra no significo el fin de la violencia. Con la dimisión del presidente, el nuevo gobierno se dio la enorme tarea para establecer orden, controlar las armas y el proceso del desarme (amnistía internacional 2012), en los aspectos positivos se prometió respetar los derechos humanos y la libertad y el derecho a todo individuo a no sufrir discriminación, más allá de las promesas esta revolución Libia fue la causante de la destrucción parcial y casi total de sus principales ciudades y ahora su futuro se esperanza a oportunidades a mejor calidad de vida y a esperar a que no se vuelva a repetir los acontecimientos de tantas injusticias.

VI. Yemen

A principios de Febrero del 2011 en Yemen miles de manifestantes tuvieron punto de reunión en las calles exigiendo que su representante político desde el año 1990 no tuviera presencia en las relecciones.

El presidente del país Ali Abdulá Salé quería quedarse en el poder a pesar de ya tener 20 años ya en él y pasarle el mandato a sus hijos, esto ocasionó la reacción inmediata de sus ciudadanos, (amnistía internacional 2012) cansados por la corrupción y la pobre economía de Yemen, lo manifestantes buscaban una reforma en lugar de una revolución, la situación económica en Yemen es muy critica ocupa el lugar 146 de índice de percepción de corrupción según la organización de Transparencia Internacional, los protestantes yemeníes utilizaban cintas rosas, color que representaba que su intención no era de violencia, el presidente fue quedando desplazado después de que sus fuerzas de seguridad mataran a 52 protestantes pacíficos, debido a esto, los altos cargos del gobierno le dieron su apoyo a los manifestantes, a lo que el presidente respondió de manera agresiva aumentando la censura de todo tipo, tales como de comunicaciones.

A las fuerzas de seguridad les otorgo más autoridad para detener y prohibir las protestas que tuvieron un efecto mas violento en su población, fue entonces que un grupo de manifestantes se levantaron en armas contra las fuerzas de gobierno creando una situación imposible de vivir, matando aproximadamente un número de 200 personas causando que la población huyera de la zona, muchas familias quedaron desplazadas por la violencia disparando una crisis humanitaria (amnistía internacional 2012), poniendo a Yemen al borde de la guerra civil.

VII. Siria

El conflicto de Siria comenzó con unas guerrillas internas por no estar de acuerdo con el presidente Bashar al Assad, que gobernaba desde hace 40 años que reprimía y sancionaba severamente cualquier queja o rebelión.

Se empezó con manifestaciones pacíficas que lograron extenderse y conforme ganaban fuerza la respuesta del gobierno de Bashar actuaba con brutalidad, violando los derechos humanos, aun así la resistencia de las protestas seguían llenas de frustraciones y de ira enfrentándose a la extrema violencia de las fuerzas de seguridad y del ejército que continuaba con la absurda excesiva fuerza letal, atacando contra quienes se manifestaban incluso atacando a simples civiles que lloraban la muerte de quienes habían perdido la vida, miles de personas fueron detenidas, fueron torturadas.

A la población se le intimidaba aterrorizándolos devolviéndoles los cadáveres mutilados, la crueldad del gobierno fue tan extensa que sancionaba a todo personal médico que diera asistencia a personas heridas (amnistía internacional 2012), el gobierno prohibió la entrada a cualquier extranjero y a grupos independientes de derechos humanos, buscaba y perseguía a las personas que filmaban las protestas y bloqueo sitios web.

Esos conflictos han motivado que la gente de Siria trate de escapar a países vecinos, lo que ha traído conflictos entre ellos mismos, a los desplazados que yacían en otros países fueron amenazados y hostigados. En estos acontecimientos se están violando los derechos humanos de los sirios, como por ejemplo el ataque de los civiles al dispararles a todo aquel que quiera salir, negándoles el derecho a la vida, al asilo político, al tener libertad de expresión y a exigir un cambio político, lo que llama la atención, es que las organizaciones reguladoras de la paz o seguridad no parecen ponerse de acuerdo sobre qué acciones tomar acerca de Siria o cómo proteger a los civiles.

Dentro de las opiniones, se dice que no han podido tomar una decisión porque unos creen que Siria aún puede tomar la decisión para tener democracia.

Según algunos analistas políticos las grandes naciones no quieren tomar acciones porque les conviene que Siria sufra una división política y así minimizarlo políticamente, ese asunto parece no tener solución ya que el enviado especial de la ONU Kofi Annan ha renunciado a su asignación diciendo que el presidente de Siria no esta dispuesto a negociaciones, porque considera ataques terroristas a los rebeldes y tampoco siente el apoyo de las otras naciones para definir la solución al problema ya que el gobierno no da señales de terminar con la represión (declaración de la renuncia de Kofi Annan por parte de cnn) (. El presidente de Siria ha exclamado que la invasión de otros países sería una decisión grave de 'efecto dominó' que afectaría desde el Atlántico hasta el Pacífico. (Entrevista al presidente de Siria, por cnn).

Es devastador observar como el tiempo avanza y mientras tanto la vida de miles de civiles terminara en muerte a causa de este tipo de conflictos que parece no tener solución inmediata para ponerle fin a ésta atroz masacre y lo curioso, la historia. Hoy aquí, mañana ya no.

Capítulo VIII. Protección de derechos humanos por medio del derecho internacional

Se supone que este tipo de situaciones con tal gravedad, donde surge la preocupación por los derechos humanos, fue una de las principales razones por la que fue creada la Organización de las

Naciones Unidas, donde se fundó un marco internacional de instrumentos de derecho internacional que consideraban y actuaban sobre quejas a las violaciones y faltas a los derechos humanos, incluso en el documento origen, es decir, en la Carta de la ONU se hace énfasis en los artículos 54 y 55 que estipulan lo siguiente:

Artículo 54: Se deberá mantener en todo tiempo al Consejo de Seguridad plenamente informado de las actividades emprendidas o proyectadas de conformidad con acuerdos regionales o por organismos regionales con el propósito de mantener la paz y la seguridad internacionales.

Articulo 55: Fracción C El respeto universal a los derechos humanos y a las libertades fundamentales de todos, sin hacer distinción por motivos de raza, sexo, idioma o religión, y la efectividad de tales derechos y libertades. [18] (Organización de Naciones Unidas 1945)

De la Carta de las Naciones Unidas la cual está conformada por 19 capítulos, en los países antes

---

[18] (Organización de Naciones Unidas, 1945)

mencionados violan al menos 7 artículos, los cuales son:

Articulo 3 Todo individuo tiene derecho a la vida, a la libertad y a la seguridad de su persona

Articulo 5 Nadie será sometido a torturas ni a penas o tratos crueles, inhumanos o degradantes

Articulo 7 Todos son iguales ante la ley y tienen, sin distinción, derecho a igual protección de la ley. Todos tienen derecho a igual protección contra toda discriminación que infrinja esta Declaración y contra toda provocación a tal discriminación

Articulo 13 Toda persona tiene derecho a salir de cualquier país, incluso del propio, y a regresar a su país.

Articulo 18 Toda persona tiene derecho a la libertad de pensamiento, de conciencia y de religión; este derecho incluye la libertad de cambiar de religión o de creencia, así como la libertad de manifestar su religión o su creencia, individual y colectivamente, tanto en público como en privado, por la enseñanza, la práctica, el culto y la observancia.

Articulo 19 Todo individuo tiene derecho a la libertad de opinión y de expresión; este derecho incluye el de no ser molestado a causa de sus opiniones, el de investigar y recibir informaciones y opiniones, y el de difundirlas, sin limitación de fronteras, por cualquier medio de expresión.

Articulo 21 La voluntad del pueblo es la base de la autoridad del poder público; esta voluntad se expresará mediante elecciones auténticas que habrán de celebrarse periódicamente, por sufragio universal e igual y por voto secreto u otro procedimiento equivalente que garantice la libertad del voto. [19] (Organización de Naciones Unidas 1946)

El derecho internacional para los derechos humanos, estipula que los Estados que forman parte de tratados internacionales tienen deberes y obligaciones que cumplir, donde los Estados integrantes de dichos tratados hacen el compromiso de respetar, promover y proteger los derechos humanos.

---

[19] (Organización de Naciones Unidas, 1946)

Los Estados tienen la obligación de respetar y proteger promover a las personas de cualquier tipo de violación de derechos humanos, de asegurar que nada interfiera en el proceso que atente contra los derechos y que aporten medidas para facilitar que se realicen.

"A través de la ratificación de los tratados internacionales de derechos humanos, los gobiernos se comprometen a poner en práctica medidas y leyes nacionales compatibles con los deberes y obligaciones inherentes a esos tratados. En consecuencia, el sistema jurídico interno proporciona la principal protección jurídica de los derechos humanos garantizados por el derecho internacional. Cuando los procedimientos jurídicos nacionales no solucionan las violaciones de derechos humanos, existen mecanismos y procedimientos a escala regional e internacional para atender las denuncias individuales y de grupo, con miras a velar por que se respeten, apliquen y hagan cumplir a escala local las normas internacionales en materia de derechos humanos" [20]

IX. Reflexiones finales

¿Qué esta pasando con los derechos humanos en distintos países de los continentes como Asia y África? En cada uno de estos países han y están ocurriendo situaciones que atentan contra los derechos humanos.

Lo que tienen en común estos países es que todos ellos son regidos por medio de dictaduras, lo cual llega a ser un poco sorprendente, cómo en este tiempo presente aún apliquen esta dicha dictadura militar. ¿Por qué varios países han pasado por amenaza o enfrentan guerra civil? Justo como Siria en este momento.

¿Qué común denominador tienen estas revoluciones? El cómo su propio pueblo pide, exige y lucha por la democracia por una mejor calidad de vida, democracia es algo con lo que se debe de nacer, como un derecho de garantía individual, lo que se puede considerar inaudito es que se llegue a

[20] (Organización de las Naciones Unidas)

revolución o guerra por democracia, por soberanía y por el respeto de sus derechos humanos, es ridículo pensar o asumir que se tiene o gozan de derechos humanos viviendo bajando un mandato de dictadores, si no hay democracia, no hay derechos.

La población de esos países, desde el nacimiento están sometidos a no tener libertad de expresión ni de elegir, cada país cuenta con su religión, dicha religión conlleva sus tradiciones y costumbres, a la cual cada individuo debe seguir como lo manda, de hacer lo contrario, trae consecuencias tales como sanciones, o de como las mujeres son constantemente discriminadas por el poco valor que se les otorga (sobre todo en los países islámicos).

La población al parecer no tiene la libertad de decidir ni siquiera a su propio representante político. Hay discriminación y maltrato hacia las mujeres, minorías religiosas, detenciones arbitrarias hacia quienes se oponen al régimen incluso desapariciones forzosas, intimidación hacia los medios de comunicación. Las redes sociales han tenido un protagonismo en estas revoluciones, han sido un medio bastante preciso para hacer conciencia mundial de lo que pasa.

Los civiles de estos países aprovecharon uno de los beneficios de los medios de comunicación al externar, al hacer público su estilo de vida, el tipo de gobierno, la corrupción, la historia de represión que viven día a día, la pobreza en la que están, pero sobre todo hicieron público su nivel de valor, de fuerza, de pasión, de dejar atrás el inmenso miedo para exigir un cambio totalmente, donde se respeten y se hagan valer los derechos humanos que por tanto tiempo han sido quebrantados.

Lo que puede llamar la atención es que sin dudas, no parece ser un buen comienzo que el Consejo de Seguridad de la ONU, este integrado por países por los cuales en mayor o en menor medida, se especula que violan los derechos humanos donde curiosamente, hasta países que disfrutan de libertades democráticas apoyan con su voto a las dictaduras y esto contradice la inicial intención de la Organización de las Naciones Unidas donde oficialmente se ha señalado que:

"Cuando se realice la votación para elegir a los miembros del Consejo, los Estados miembros tomaran en cuenta la contribución de los candidatos a la promoción y a la protección de los derechos humanos". [21] (Organización de Naciones Unidas)

¿Qué pasara en un futuro? ¿Qué le depararа a Siria? Hasta la fecha de hoy Siria sigue dando luz verde para atacar y parece no cesar. Surgen muchas dudas como por ejemplo ¿quien les provee las armas? Y como siendo que se jacta de tener mala economía y las armas siguen vigentes y parece que no carecen de ellas.

¿Por qué no ha habido algún tipo de intervención? ¿Qué pasara con los desplazados? Se les permitirá regresar a su ciudad natal o se les extenderá su asilo político, encontraran alguna protección, llegaran a un acuerdo, muchas opciones como respuesta más sin embargo todo aun sigue indefinido. ¿De que magnitud y cómo es que influye la religión en el

[21] (Organización de las Naciones Unidas)

gobierno de cada uno de los países mencionados?, ¿Habrá sido un año de luchas, de muertes, de sacrificios en vano? Ojala este periodo sangriento sea el punto final de políticas con dictaduras que omiten la democracia y que ignoran que existen los derecho humanos y el significado y el respeto de tales derechos.

Para concluir una posible alternativa para tales atroces conflictos, sería que la Organización de Naciones Unidas por medio de su elemento más fuerte, es decir, el Derecho Internacional ejerza el estatus de órgano supranacional que pueda establecer el orden, dar una pauta para un cambio dentro del sistema y el manejo del poder.
Que los dictadores reconozcan el golpe de estado que recibieron, así de ésta forma retirarse del poder y que la ONU acoja estos países y en el transcurso establecer la democracia, que de esta manera se pueda reorganizar la estructura administrativa y que transformen la forma de gobierno, donde su mayor garantía sea el respeto a los derechos humanos.

X Bibliohemerografía

La base de información que se utilizó como apoyo para este artículo, fue la página oficial de internet de la Organización de las Naciones Unidas, al igual que fue necesario respaldarse en el material existente que han publicado en los noticieros, tanto del medio masivo de la televisión como la página oficial del noticiero CNN, sobre el tópico de las situaciones ocurridas en cada uno de los países. A continuación están presentes los links donde se indago para dicha información.

http://amnistia.org.mx/portada/mena2012.pdf.pdf

http://www.un.org/es/

http://mexico.cnn.com/cmx2_buscar.php?q=tunez&start=10&user_input=tunez

http://mexico.cnn.com/cmx2_buscar.php?user_input=egipto&q=egipto&btnG.x=0&btnG.y=0

http://mexico.cnn.com/cmx2_buscar.php?user_input=yemen&q=yemen&btnG.x=0&btnG.y=0

http://mexico.cnn.com/mundo/2012/08/02/al-menos-tres-millones-de-sirios-necesitan-ayuda-alimentaria-dice-la-onu

26/02/2011. **Naciones Unidas, Consejo de Seguridad. Resolución 1970 [pdf: inglés, español]**. Refiere la situación de Libia a la Corte Penal Internacional, decreta embargo de armas, prohíbe a los oficiales libios viajar, congela sus fondos, propiedades y otros bienes financieros. Incluye dos anexos con los datos de los oficiales sancionados.

09/11/2011. **Naciones Unidas, Oficina del Alto Comisionado para los Derechos Humanos. Notas informativas sobre Siria y la República Democrática del Congo [pdf: inglés].** Informa que más de 3.500 personas murieron por "la represión brutal" del gobierno de Bashar al-Assad. Más de 60 murieron luego de que el gobierno se comprometiera con la Liga Árabe a detener la violencia

23/11/2011. **Naciones Unidas, Consejo de Derechos Humanos. Informe de la comisión**

internacional independiente de investigación sobre la República Árabe Siria [pdf: inglés]. Describe crímenes contra la humanidad cometidos en Siria, entre ellos tortura, violación y ejecución de menores de edad (desde 2 a 15 años), asesinato intencional de manifestantes pacíficos y ejecución inmediata de soldados que se niegan a disparar contra los manifestantes.

22/02/2012. **Naciones Unidas, Consejo de Derechos Humanos. Informe de la comisión internacional independiente de investigación sobre la República Árabe Siria [pdf: inglés].** Responsabiliza al gobierno sirio por crímenes contra la humanidad y graves violaciones sistemáticas a los derechos humanos. Según el informe, el Estado sirio fracasa en su obligación de proteger a los ciudadanos. Aumenta la radicalización de la población, la enemistad entre comunidades y se está destruyendo el tejido social. Además, se describen numerosos ataques a civiles, identifica 38 sitios de tortura, incluido dos hospitales.

22/06/2012. **Naciones Unidas, Consejo de Derechos Humanos. Informe A/HRC/20/37 sobre la situación en Siria [pdf: inglés].** Reporta la ausencia de protección para la población civil, tortura y ejecución de detenidos, y bombardeos en áreas urbanas. Incluye la versión del gobierno sirio, que acusa a "grupos armados terroristas" por las violaciones a los derechos humanos.

30/06/2012. **Grupo de Acción para Siria. Comunicado final [pdf: inglés].** Por primera vez se reúne este grupo compuesto por representantes de la Liga Árabe, Turquía, Iraq, Kuwait, Qatar, Unión Europea y Consejo de Seguridad y Secretario General de Naciones Unidas, y el enviado especial para Siria, Kofi Annan. Condenan violaciones a los derechos humanos en Siria. Llaman a cumplir el plan de Kofi Annan y acuerdan un protocolo de transición política. La transición será hacia un sistema democrático multipartidario, dando lugar a los actores emergentes (oposición) y permitiendo que el nuevo gobierno incluya figuras del actual. No habrá distinciones sectarias, étnicas, religiosas; las mujeres serán representadas. El Grupo se reunirá cuando la situación en Siria lo requiera.

14/07/2012. **Global Centre for the Responsibility to Protect. R2P Monitor; bimonthly bulletin, Issue 4 [pdf: inglés].** Este Centro, que diseñó el principio R2P luego adoptado por Naciones Unidas, analiza constantemente las situaciones que merecen la aplicación de R2P. En este boletín, incluyeron a Siria bajo la peor calificación: "Crisis actual", significa que "están ocurriendo crímenes atroces masivos y se necesita acción urgente". Concluye que "el gobierno sirio no sólo falló al cumplir su responsabilidad de proteger [R2P], sino que es el principal responsable de la comisión de crímenes contra la humanidad". El Centro pide responsabilizar a los culpables y referir el caso a la Corte Penal Internacional.

O8/11/2012. http://cnn.mx/v002V9C. ¿Cuál es el futuro de Siria?

Foreign Affairs Latinoamérica Volumen 11 Numero 4 "La OTAN después de Libia"

Foreign Affaris Latinoamérica Volumen 11 Numero 4 "¿Ahogará el petróleo la Primavera Árabe?"

Tigres Asiáticos

Cinthya Elizabeth Mendoza Medina

Los Tigres asiáticos están integrados por Corea del Sur, Taiwán, Hong Kong y Singapur, estos países son un claro ejemplo de que se puede ser potencia sin importar el territorio o la economía en la que este, ya que estos países a pesar de la situación en la que vivían, ahora en la actualidad son potencias.

Los tigres asiáticos son conocidos por sus altas tasas de crecimiento que tuvieron entre 1960 y 1990, se ubican en el sudeste asiático donde importantes empresas multinacionales tienen su sede, tomando en cuenta Seúl donde se encuentra, Samsung, LG Groups, Hyundai y Kea Motors.

En un poco de historia veremos que entre 1945 y 1990, que era cuando estaba la Guerra Fría se les comenzó a ver como potencias.

Los principales países que se han desarrollado fuertemente fueron Singapur, Hong Kong, Taiwán y Corea del Sur, demostraron un crecimiento en calidad y cantidad y bajo precio sobre todo en sus productos alcanzando mercados internacionales.

En 1950 empezaron a hacer importaciones y exportaciones con los nuevos avances tecnológicos que empezaron a tener.

Las principales partes del éxito son:

La abundancia de mano de obra

Salarios Bajos

Largas Jornadas de Trabajo

La carencia de Derechos Laborales

La creación de las zonas franjas portuarias, donde las empresas están extensas de impuestos en materia laboral

La fuerte inversión estatal y el desarrollismo dirigido, llevando la contraria al FMI.

Estos factores han contribuido a la descolonización de muchas empresas e industrias, concentradas en países desarrollados que no necesitan mano de obra calificada.

En poco tiempo esto, países pasaron a ser de escaso crecimiento, lo cual resulto atractivo para empresas que se instalaron en la región.

La Inversión favoreció a la economía pero siempre y cuando estas tendieran a los intereses nacionales, a la competitividad y a las expectativas del empresariado.

Este avance tuvo efectos en cada uno de los países como es el caso de Hong Kong, las invenciones extranjeras dentro del proceso de modernización tuvieron un mercado dentro del Estado. En Taiwán las industrias mecánicas y petroquímicas consideradas estratégicas pertenecen a empresas públicas, controlando que las exportaciones no sean mayores que las importaciones.

En Corea existe un fuerte proteccionismo al sector industrial respecto de la competencia extranjera e incluso al ingreso de capitales. En cambio en Singapur las multinacionales ocupaban un lugar fundamental que no se da en el resto de la región.

Debido a la limitación de tierras y recursos naturales el crecimiento general no podía apoyarse en la exportación de productos primarios.

Constituyendo la industria el sector clave a estimular tanto en las importaciones como en las exportaciones. Se ha sostenido que estos países constituyen un modelo de desarrollo exitoso para los países pobre.

El crecimiento de los Cuatro Tigres se debió a la estrategia de contención adoptada por EE.UU. en la Guerra Fría.

En el siglo XXI, en 1997, los productos manufacturados en estos países se han posicionado firmemente en el mercado internacional aunque la atención ha ido cambiando de puesto cada vez más a otras economías asiáticas que están experimentando actualmente la transformación económica.

Las diferencias dominantes incluyen niveles iníciales de la educación y del acceso a los mercados mundiales (en términos de infraestructura de transporte y tener acceso a costas y ríos navegables, los cuales son esenciales).

Cuatro economías asiáticas destacan por su espectacular crecimiento económico *y* sus altas tasas de desarrollo e industrialización. Los *Cuatro Tigres* sonCorea del Sur, Taiwán, Hong-Kong y Singapur.

Estos han logrado un avance impresionante durante las últimas décadas gracias a las elevadas tasas de crecimiento económico. Ello les ha permitido integrarse entre las economías más avanzadas y figurar en los primeros lugares en el ranking mundial de PIB per cápita.

En los años noventa el producto interior bruto de los cuatro países crecía a un ritmo anual del 6,2% y ha logrado mantener una buena velocidad entre 2000 y

2010. Según los datos del Fondo Monetario Internacional, el PIB de los cuatro tigres aumentó en 2010 una media del 8,5%.

Destacan el incremento del 14,5%en Singapur y un 10,8% en Taiwán. Cifras que superan con creces las de los países occidentales, que desde la crisis económica de 2008 no levantan cabeza.

Singapur ha alcanzado en 2010 un PIB per cápita de 56.500$ y Hong Kong alcanza los 45.700$, al tiempo que también Taiwán y Corea del Sur han progresado enormemente. Para poder hacernos una idea de la importancia de estos datos podemos señalar que el PIB per cápita de Francia es de unos 35.000$.

Los cuatro tigres asiáticos tienen gran éxito económico gracias a su posición como importantes plazas financieras, pero también por contar con numerosas instituciones educativas, privadas y públicas, así como nacionales y extranjeras.

Otro factor de éxito es su gran capacidad exportadora. Singapur y Hong Kong ya apostaron por internacionalizar su comercio hace años y sus puertos marítimos están entre los más importantes del mundo.

Las Principales razones por las cuales surgieron los Tigres asiáticos:

Máximo ahorro e inversión:

Industria dirigida principalmente a la exportación

Mano de obra barata, y largas jornadas laborales, severa disciplina laboral y pocos beneficios sociales y laborales, más, favoreciendo la capacitación de la mano de obra.

Política económica, dirigida hacia la sustitución de importaciones, convirtiéndose posteriormente en economías exportadoras. Corea del Sur y Taiwán reciben además un fuerte financiamiento de los EU.

En Hong Kong, (ex colonia británica, ahora perteneciente a China); las inversiones extranjeras, tuvieron un marcado control por parte del Estado.

En Taiwán, las industrias mecánicas y petroquímicas consideradas estratégicas pertenecen a empresas públicas, controlando que las importaciones no sean mayores que las exportaciones.

En Corea existe un fuerte proteccionismo al sector industrial respecto de la competencia extranjera e incluso al ingreso de capitales.
En Singapur, las multinacionales ocupan un lugar fundamental, que en el resto de la región.

Datos Importantes de Asia en General:
China y Japón

En la China comunista, el fundador del régimen, Mao Zedong mantuvo una situación de ruptura con su antigua valedora la URSS y controló las unidades férreas del país utilizando la agitación de masas para dirimir las disputas Internas del partido y apartar de la vida pública a sus adversarios (Revolución Cultural de los años 60).
A la muerte de Mao (1976), sus sucesores y en particular Den Hsiao-ping, el hombre que en primer

plano protagonizó toda la etapa post maoísta, comprendieron que el sistema conducía a la modernización del país, aunque no se sabía si realmente podría ser por falta de verdaderos estímulos al desarrollo.

Los dirigentes mantuvieron las estructuras comunistas como un instrumento para el control del país, pero vaciándolas de contenido ideológico, y abriendo a la inversión extranjera, a experimentos capitalistas y a la concentración del desarrollo tecnológico unas determinadas áreas sin restricciones a todas las iniciativas.

El caso de Japón es muy singular, ya que tras la derrota en la guerra mundial, su tradición industrial y el decidido apoyo de Estados Unidos le permitieron renovar todo su aparato productivo y llegar a convertirse en los años 80, en la segunda potencia industrial del mundo. En los ámbitos comercial y financiero también ha alcanzado uno de los primeros puestos.

La estabilidad política y la disciplina en el trabajo fueron las claves de esos logros. Los estadounidenses mantuvieron en su trono al emperador Hiro Hito (que reinó de 1926 a 1989), pero forzándole a abandonar su carácter divino y a convertirse en un monarca constitucional.

El modelo de desarrollo japonés se ha extendido a otros países de la zona, con menor capacidad de creación tecnológica, pero con costes ya inferiores a los japoneses. Estos países que su producción mezcla las manufacturas clásicas con las de última generación, aparte de que un producto equis que sale al mercado ellos lo mejoran o le ponen mas funciones, se había convertido o se estaba convirtiendo en los años 90 en potencias económicas e industriales destacadas (Corea del Sur, Taiwán, Hong Kong, Singapur) conocidas como los "dragones del pacifico" o "Tigres Asiáticos".

De Asia en general podemos hablar de su población, desde el punto de vista demográfico, la principal característica de Asia es que se trata del continente más poblado del mundo por su cifra global de habitantes y en el se registran las mayores densidades de población.

En general Asia es un territorio intensamente humanizado, en el que existe una elevada presión demográfica que en algunos casos hace difícil la subsistencia de la población.

Por un lado se hallan los países situados en Asia meridional y oriental, donde se encuentran las naciones más pobladas del mundo: China e India, aunque además de los quince países más poblados del planeta, ocho corresponden a esta región asiática, lo que expresa con claridad la situación demográfica de esta parte de la Tierra.

Asia: Ciudad y Campo

Pese a que el Índice de urbanización es alto en todo el continente asiático, el número de habitantes de las zonas rurales es muy alto. El extremo Oriente (China, Taiwán, Corea, Japón) constituye a una de las regiones más urbanizadas del planeta.

En cuanto al ámbito rural, en muchos países la presión de una población campesina muy numerosa sobre el medio agrario se ha traducido en un gran desarrollo de la agricultura intensiva, incluso en regiones montañosas.

Algunas Conclusiones de Economistas:

El desarrollo económico de estos países se ha fundamentado en una "singular relación entre el intervencionismo y control Estatal - y el Libre Mercado".

Los Cuatro Tigres o Dragones Asiáticos, se dice, han pasado de ser países subdesarrollados a estar en vías de desarrollo, gracias a su constante crecimiento; producto de sus nuevas políticas económicas en las últimas décadas. Muchos de los productos antes industrializados solo por Japón, ahora son exportados también por ellos.

Se ha vuelto algo urgente la búsqueda de detener el aumento de la brecha entre países ricos y pobres, o curar las dolorosas llagas que representan los países

mal gobernados. Mientras que la globalización redujo el número de personas viviendo en condiciones de pobreza, también ha reforzado la parálisis de algunos países incapaces de tomar las oportunidades que ella provee.
Paralos más pobres entre los Estados frágiles, ha hecho casi imposible poder escapar de las condiciones económicas y políticas iníciales.

En los países de ingresos medios, que sufren la existencia de elites fragmentadas o crisis internas, ha sido considerablemente más dura y más compleja la reconstrucción de un consenso nacional sobre el desarrollo, aunque Brasil ha probado que el resurgimiento es aún posible.
Los países deben estimular el conocimiento.

La manufactura que requiere baja capacitación ya no es el camino para salir de la pobreza. Por el contrario, los planificadores y políticos deben explorar caminos para capitalizar sus reservas de conocimientos, o destinar energías a mejorar sus estándares educativos.

¿Cómo lo Hicieron?

Esta es una pregunta que mucha gente se hace con respecto al crecimiento de estos países. Él desarrollo económico de varios países que han realizado esfuerzos por la reducción de la pobreza y la desigualdad en el ingreso de su población ha permitido a través de la producción y la productividad posicionarse en el Comercio Internacional. Este es el caso de algunos países asiáticos que se sitúan entre los países que tienen una mayor distribución de ingresos entre la población. Nos surge una interrogante ¿Cómo lo han logrado?.

Estas cuatro economías (Hong Kong, Singapur, Taiwán y Corea del Sur) poseen mano de obra educada y altamente calificada, y se han especializado en áreas donde tenían ventaja competitiva. Por ejemplo Singapur y Hong Kong que se convirtieron en líderes mundiales de los centros financieros internacionales; Taiwán y Corea del Sur se convirtieron en líderes en tecnología de la información a nivel mundial.

Estos países denominados los Tigres Asiáticos o dragones asiáticos, o los nuevos países industrializados (NPI), término usado en referencia a la economía desarrollada de Hong Kong, Singapur, Taiwán y Corea del Sur, han surgido en el contexto de la Guerra Fría, desde 1945 al 1990. Esta generación de países industrializados ubicados en Asia se destacó por mantener un alto crecimiento de la economía y una rápida industrialización.

Los tigres asiáticos presentaron razones que redujo el nivel de pobreza, entre ellas la industrialización basada en el uso intensivo de la mano de obra. Empezaron su desarrollo industrial con el despliegue de la industria ligera, lo que absorbió la mayor cantidad de mano de obra disponible, creando su escasez, elevando los salarios y por consiguiente elevando el nivel de vida de la población.

La educación impartida a nivel primario y secundario les permitió a la población conseguir un empleo mejor remunerado, además, en las universidades se incorporaron las ramas técnicas, necesarias para el desarrollo industrial y tecnológico del país. La educación produjo cambios significativos.

Los Tigres constituyen un especial caso de desarrollo económico. Los primeros fueron Taiwán y Corea del Sur que tomaron algunos elementos de la economía japonesa, apostaron al ahorro y a la inversión, a una industria orientada a la exportación y con fuerte disciplina laboral realizando largas jornadas de trabajo con un decidido apoyo financiero de los Estados Unidos. Entre 1980 y 1990, ahorraron entre un 30% y 45% del PBI y reinvirtieron esos ahorros entre un 25% y 40%.

La crisis Asiática

En Julio de 1997, surge la "Crisis Asiática" en países como Corea del Sur, Tailandia, Malasia e Indonesia, países que se endeudaron en el exterior porque la tasa de interés en dólares en el exterior era más barata que la tasa de interés en sus economías que en su propia moneda, igualmente una tasa de cambio fija de sus monedas respecto al dólar en la mayoría de estos países.

Se redujeron las divisas por exportaciones en Tailandia, por lo que este país no pudo devolver sus préstamos al exterior y sus entidades financieras y empresas no pudieron pagar sus deudas, esto provocó devaluación en su moneda con la finalidad de restaurar la competitividad a su economía.

Al tener esta situación, varios países asiáticos: Tailandia, Indonesia y Corea del Sur, recurrieron al Fondo Monetario Internacional (FMI), pues se quedaron sin reservas. Los precios de materias primas sufrieron gran caída.

Las empresas coreanas se endeudaron masivamente en el exterior. La crisis asiática no afectó mucho a Taiwán por la fortaleza en su sector exportador.

Algunos teóricos afirman que Taiwán es el tercer mayor exportador mundial de productos de alta tecnología, después de los Estados Unidos (EE.UU) y Japón.

Hong Kong adquirido de China por Inglaterra en tres etapas: la isla de Hong Kong por el Tratado de Nanking de 1842; la Península de Kowloon, por la Convención de Beijing de 1860 y los Nuevos Territorios. Al ocupar Inglaterra a Hong Kong, lo utilizó como refugio para penetrar al inmenso mercado chino, siendo la puerta de entrada de capitales extranjeros a China.

Durante la ocupación japonesa de 1941 a 1945, el desarrollo económico de Hong Kong se interrumpió. En 1950 se origina la Guerra de Corea y como resultado del apoyo de China a Corea del Norte que invadió Corea del Sur, las Naciones Unidas imponen un embargo económico a China, lo que afectó Hong Kong que dependía económicamente del comercio con China en gran parte y obligó a Hong Kong a emprender el camino de la industrialización.

Actualmente China es el mayor mercado de Hong Kong, razones de la estrecha relación comercial. La mayor parte de la inversión extranjera que se efectúa en China viene de Hong Kong. Las empresas de zonas francas que se trasladaron a China, donde ensamblan las piezas y partes producidas en la isla y en otros lugares del mundo y en Hong Kong se realizan la labor de marketing y desarrollo de los productos. Actualmente Hong Kong ha dejado de ser un centro industrial y se ha convertido en uno de los mayores centros financieros del mundo.

Singapur ocupada por Inglaterra en 1819. Adquiere autonomía en 1959, dentro de la Mancomunidad de Naciones de Inglaterra, de 1960 a 1965 mantuvo una política de Industrialización por Sustitución de Importaciones (ISI), durante ese periodo, en 1963. Se une a Malasia y en 1965 se separa y vuelve a ser un Estado Independiente.

A inicio de 1970, Singapur experimentó una mano de obra escasa y enfrentó la competencia de mano de obra barata de países vecinos, lo que le permite el impulso por parte del gobierno de industrias con el uso de mano de obra tecnificada. Este país no posee recursos naturales, pero cuenta con gente con mucha capacidad, ubicación geográfica y buena infraestructura. Cuenta con grandes empresas: las de capital extranjero y las empresas del gobierno.

Aunque Singapur no tiene casi problemas, la crisis asiática destacada en 1997 le afectó por la relación comercial con otros países asiáticos.

Taiwán, con la derrota de Japón en la Segunda Guerra Mundial, en 1945. Taiwán vuelve a ser parte de China. En 1949, llegaron los nacionalistas a Taiwán y emprendieron un Programa de Reforma Agraria extendido hasta 1952, dicho programa fomentó la estabilidad social y política e incrementó la producción agrícola, que provino de productos para exportar y ganar divisas para la importación de maquinaria, equipo e insumos industriales, lo que sirvió para el rápido desarrollo guiado por las exportaciones.

En la década de los 50, el gobierno introdujo Planes Económicos con la finalidad de incrementar la producción industrial. Ante la escases de divisas se sigue una política de sustitución de importaciones, para lo que se ponen altas tarifas y restricciones a las importaciones.

Se restringe el ingreso de nuevas empresas para evitar una sobre competencia y se establecen altas tasas de interés para los depósitos de ahorros. Del 1961-1964, se introduce un cambio de estrategia de desarrollo económico, de industrialización por sustituciones de importaciones de la industria ligera a otra de industria mediante las exportaciones.

De 1965-1968 y 1969-1972, Taiwán comienza el proceso de fomentar la industria de exportación y nace el lema "exportar o morir". Del 1973-1975, se continua con la política de promoción de exportaciones y fomentar una industria nacional que sustituya las importaciones, se establecen empresas públicas llamada industria básica o industria clave como petroquímica, acero, barcos, protegiéndola de la competencia extranjera, de manera que se consolide el desarrollo de la industria para depender menos del exterior.

En los años 80, la creciente competencia en el mercado internacional, permite que se avance en la estructura industrial con la producción de bienes con contenido tecnológico y de valor agregado, estableciéndose prioridades en el desarrollo de industrias de alta tecnología y de industrias estratégicas. Se impulsa el desarrollo de una industria automovilística nacional.

Corea del Sur, península coreana que en 1947, se divide en Corea del Norte y Corea del Sur. De 1947 a 1952, se llevó a cabo la Reforma Agraria que empezó con la distribución de la tierra de los terratenientes japoneses poniéndose un límite al tamaño de la propiedad.

La industria creció y la infraestructura del país empezó a recuperarse recibiendo ayuda económica brindada por los Estados Unidos (EE.UU) después de la guerra de 1950-1953. Para inicio de 1960, Corea del Sur no tiene materia prima para exportar y seguir pagando por sus importaciones de alimentos, insumos y bienes de capital para que su industria siga creciendo, además enfrenta dificultades en su economía, la ayuda de Estados Unidos decae e informa que pronto terminará el apoyo económico.

En 1961, inicia un nuevo gobierno y una nueva estrategia de desarrollo, donde la industria se orienta al exterior, enfocada en las exportaciones de manufacturas para obtener divisas y los recursos necesarios para que la industria siga creciendo.

En la década de los 60, ocurrieron hechos que ayudaron incrementar la producción industrial coreana: uno fue la guerra de Vietnam, en que EE.UU interviene con su ejército, creando demanda para el ejercito de bienes de Corea del Sur y el establecimiento de relaciones diplomáticas con Japón generando, la apertura de préstamos lo que permitió una fuente de financiamiento y accedo a la tecnología japonesa.

En los 70, se incentiva y se desarrolla las industrias de la maquinaria, automóviles, barcos y electrónica, entre otras. En los primeros años de los 80, se realizaron ajustes para la economía y la industria coreana, se reduce el número de empresas que producían el mismo producto, con la finalidad de tener economía de escala en pocas empresas y ser más competitivos.

Los Tigres Asiáticos eran países pobres de muy limitado desarrollo que han brillado en los mercados internacionales por sus infraestructuras, con tasas de crecimiento económico elevado, con tecnologías avanzadas en sus productos y con un factor común inversión en educación.

Los Tigres Menores

Luego, empezaron a desarrollarse otros países del sudeste asiático, conocidos como "Tigres de segunda generación" o "pequeños dragones", integrados por Malasia, Indonesia, Tailandia y Filipinas, quienes tomaron a los NPI como modelo y que junto a Singapur y Vietnam formaron la Asociación de Naciones del Sudeste Asiático (ASEAN).

El desarrollo industrial de los tigres asiáticos: Hong Kong, Singapur, Taiwán y República de Corea y el desarrollo de los recientes países industrializados:

Malasia, Tailandia e Indonesia basaron su desarrollo industrial en las inversiones de capital extranjero y en una incorporación masiva de mano de obra barata.

Conocida la realidad de los Tigres Asiáticos, es entendible que la República Dominicana puede esforzarse para aprovechar los recursos con que cuenta y enfocarse en la producción y la productividad para cubrir la demanda interna y externa de productos y servicios, y situar nichos de mercados donde pueda posicionar sus productos, tomando en consideración que cuenta con una posición geográfica y otros recursos.

Corea del Sur

La presión de Japón abrió a Corea al mundo por el Tratado de Kanghwa de 1876 y su triunfo sobre China en la guerra de 1894-1895, elimina la influencia de este país sobre Corea.

En tanto su victoria frente a Rusia en la guerra de 1904- 1905 le deja el camino libre para ampliar su influencia en la península coreana, en 1945 la derrota de Japón permite la liberación de la península Coreana.

Durante el dominio Japonés la economía de Corea creció. Se calcula que entre 1911 y 1938 Corea repuntó a una tasa anual de 3.5%, la manufactura y la minería que en el periodo 1910-20 constituía en promedio el 4% del PNB coreano, en el periodo 1938-40 llegó a representar el 26.4% del PNB.

Los primeros años de Independencia de Corea del Sur transcurren en un ambiente confuso. En 1947 la península coreana se divide en Corea del Norte y Corea del Sur.

Las Bases del desarrollo económico de Corea del Sur se sustenta en la Reforma Agraria que se llevo a cabo entre los años 1947 a 1952, el nuevo gobierno militar de Park ChungHee de 1961 dio comienzo a una nueva estrategia de desarrollo del país.

La industria se orienta al exterior, donde el mercado es ilimitado, así a través de las exportaciones de manufacturas el país podrá obtener divisas y recursos necesarios para que su industria siga creciendo.

Todo esto requiere que los productos a exportar sean competitivos, y que la política Industrial contemple lo siguiente:

Se da el marco legal con normas para el financiamiento de las exportaciones y la ley de formación de parques industriales para la Industria.

Se dan leyes para crear un marco adecuado para atraer la inversión extranjera, con el fin de atraer financiamiento.

Se expande la infraestructura Industrial.

Hace cuatro décadas, el PIB per cápita era comparable con los niveles de los países más pobres de África y Asia. En 2004, Corea del Sur se unió al club de las de las veinte mayores economías del mundo.

En un principio, un sistema de gobierno y estrechas relaciones de negocios, incluido el crédito dirigido y restricciones a la importación, ha hecho posible este éxito.

El gobierno promovió la importación de materias primas y la tecnología a expensas de los bienes de consumo y el ahorro y la inversión, alienta el consumo excesivo.

Datos Importantes de Corea del Sur:

Lema: Traer beneficios a todas las personas
Himno: hangul, significado: *La canción patriótica*
Capital: Seúl
Idioma Oficial: Coreano
Gentilicio: coreano/a surcoreano/a
Forma de gobierno: República semipresidencial
Presidente: Lee Myung-bak
Primer Ministro: Kim Hwang-sik
Independencia: República
Constitucióndel Imperio del Japón:
1 de marzo de 1919
15 de agosto de 1945
17 de julio de 1948
Superficie Total: 99.720 km²

Habitantes:

Población total: 49.540.000

Densidad: 487,7 hab/km²

PIB (PPA): Puesto 15.º

Total (2011): US$ 1.640.963 millones

PIB (nominal): Total (2010)US$ 929.121

PIB per cápita: US$ 20.591

Moneda: Won surcoreano

Dominio en Internet: .kr

Miembro de: ONU, APEC y OCDE.

Etimología e Historia:

Corea significa "La Gran Nación de Han"

División de Corea:

En 1948, como consecuencia de la división de la península entre los soviéticos y los estadounidenses, surgieron dos nuevas entidades: Corea del Norte y Corea del Sur. En el norte, un guerrillero antijaponés y activista comunista, Kim Il-Sung, obtuvo el poder a través del apoyo soviético, y en el sur, un líder político exiliado de derecha, SyngmanRhee, fue nombrado presidente.

Gobierno y política:

El gobierno se define como una democracia representativa Como muchas democracias, en el país se presenta la división de poderes en ejecutivo, judicial y legislativo. Las ramas ejecutiva y legislativa operan principalmente a nivel nacional, aunque varios ministerios en el poder ejecutivo también realizan funciones locales. Los gobiernos provinciales son semi-autónomos y cuentan con órganos legislativos propios. La rama judicial opera tanto a nivel nacional como local.

Clima:

El país tiende a tener un clima continental húmedo y un clima subtropical húmedo y se ve afectado por el monzón de Asia oriental, con precipitaciones más abundantes en verano durante una corta temporada de lluvias llamada jangma, que comienza a finales de junio y termina a finales de julio.Los inviernos pueden ser muy fríos, con una temperatura mínima que se acerca a los - 20 °C en la parte más septentrional del país.

Economía:

Hyundai KiaAutomotiveGroup es el fabricante de automóviles con más ganancias y el cuarto en términos de unidades vendidas.

Songdo en la Zona Libre Económica de Inchon, es el proyecto de iniciativa privada más grande de la historia.

La empresa surcoreana Samsung Electronics es la compañía de electrónicos más grande del mundo.

Escritura

El hangul es el alfabeto utilizado para escribir el idioma coreano.

El templo de la gruta Seokguram, un sitiodeclarado Patrimonio de la humanidad porLa Unesco

El arte coreano:

Se encuentra fuertemente influenciado por el budismo y el confucianismo. Dentro de las artes plásticas más desarrolladas en Corea se encuentran la pintura, la caligrafía y la cerámica. La pintura coreana más antigua que aún se preserva es el Mural de Goguryeo, que data de la época de los Tres Reinos, aunque este arte alcanzó su máximo apogeo durante la dinastía de Goryeo. La mayoría de estas obras son de temática religiosa, y el paisajismo se desarrollo durante el esplendor de la dinastía de Joseón, siendo sus máximos representantes.

Gastronomía:

La cocina coreana se basa en gran medida en los fideos, arroz, tofu, verduras, pescado y carnes, Bulgogi, un platillo coreano preparado con res o cerdo.

Taiwán

En el siglo 17 habitantes de la provincia de Fujian en China empezaron a emigrar a la isla de Taiwán. En 1885 la isla pasó a convertirse en una provincia de China. En 1895 China pierde una guerra con Japón y le cede Taiwán.

En 1949 los nacionalistas emprendieron un Programa de Reforma Agraria que duró hasta 1952. El programa fomentó la estabilidad social y política e incrementó la producción agrícola.

Taiwán se desarrollo rápidamente en los 70 e hizo que la infraestructura existente no pudiera soportar ese proceso por lo que el gobierno emprendió 10 grandes proyectos a un costo total de US$ 8 000 millones en la mejora de la infraestructura. Se construyeron nuevas autopistas, líneas férreas, puertos y aeropuertos, y se empezó con la construcción de plantas de energía nuclear.

Las exportaciones, sustentadas principalmente por la electrónica y maquinaria, generan aproximadamente el 70% del crecimiento del PIB de Taiwán, y han proporcionado el impulso principal para el desarrollo económico.

Datos Importantes de Taiwán:

Localización geográfica / administrativa: OcéanoPacífico

País(es): República de China, reivindicada por la República Popular China como parte integrante de su territorio,bajo el nombre de provincia de Taiwán

Datos geográficos

Superficie: 35.980 km²

Capital: Taipéi

Gentilicio: Taiwanés

Otros datos: Etnias:

Han - 98%:[2] [3]

Nativos (pre-1949) - 84%[4]

Hoklo - 70%

Hakka - 14%

Recientes (post-1949) - 14%[5] Aborígenes de Taiwán - 2%[6]

Población: 23.046.177 hab. (2009)

Densidad: 668 hab./km²

Historia:

Originalmente poblada por pueblos de origen malayo-polinesio, la isla fue avistada en el siglo XVI por los portugueses quienes le dieron el nombre de Formosa (Hermosa), casi al mismo tiempo era avistada por los españoles quienes crearon la gobernación española de Taiwán; luego fue controlada entre 1624 y 1662 por los holandeses, siendo expulsados por ZhengChenggong (también conocido como Koxinga), un líder militar de la dinastía Ming, que organizó la primera oleada de colonos chinos en la isla.

Organización Político-administrativa:

Tanto la constitución de la República Popular de China como la de la República de China, el régimen que ejerce la soberanía real sobre la isla, consideran el territorio de Taiwán y las Islas Pescadores como una provincia de China.

Geografía:

La isla de Taiwán tiene una superficie total de 35.980 km^2 y está situada a 200 km al sureste de la China continental, separadas por el Estrecho de Taiwán. Tiene una longitud de cerca de 383,6 kilómetros de norte a sur y 145 kilómetros de Este a Oeste en su punto más ancho.

Economía:

La llegada de chinos de clase media y alta en 1949, tradicionalmente dedicados al comercio, las inversiones japonesas y las de Estados Unidos (que al igual que Corea del Sur al tener un país homónimo comunista, estaba interesado en demostrar la superioridad del sistema capitalista), han convertido a Taiwán en uno de los nuevos países industrializados.

Taiwán cuenta con su propia moneda llamada nuevo dólar taiwanés (NTD).

Algunos de los sectores en los que destacan las empresas de Taiwán son los siguientes:

Bicicletas: GIANT, DAHON, MERIDA.

Motos: KYMCO, SYM.

Computadoras: Acer, ADATA, PQI, ASUS, GIGA BYTE, TREND

MICRO, GENIUS, BIOSTAR, TRANSCEND, MS I.

Hong Kong

Cuando el 1ro. De Julio de 1997 Hong Kong volvió a ser administrado por China, este se comprometió a respetar el sistema económico de la isla por 50 años.

Hong Kong al momento de ser ocupado por Inglaterra era sólo un pedazo de tierra con algunas aldeas pescadoras.

El desarrollo económico de Hong Kong se vio interrumpido durante los años de la ocupación japonesa de 1941 a 1945. Durante este tiempo la población de Hong Kong se redujo de 1.94 millones en 1941 a 0.65 millones en 1945.

La Industrialización de Hong Kong empezó con el desarrollo de la industria ligera intensiva en mano de obra, el recurso más abundante de la isla. Así en la década de 1950 se desarrolla y expande la industria textil y empieza a exportar desde entonces, pues ya era competitiva.

En Hong Kong ocupan mucho lo que es la famosa frase de que "Negocios son Negocios" y los chinos saben eso y necesitan de este territorio. Además dentro de la política china de un país, dos sistemas, esto es reconocer la autoridad política central única de China pero respetar el sistema económico liberal de Hong Kong, los chinos quieren que el ejemplo de Hong Kong sea visto por Taiwán, esto de respetar el sistema de otros países hace que hayan estrechas relaciones entre ambos aparte de que es una buena estrategia de negociación para con otros países, esto hace que incremente la economía entre otras cosas.

Hong Kong en los últimos años se ha integrado más con China a través del comercio, el turismo y los vínculos financieros. El gobierno de Hong Kong es quien promueve en la Región Administrativa Especial (RAE), la internacionalización del Renminbi (RMB)8 o yuan (Moneda China).

A los residentes de Hong Kong se les permite abrir cuentas de ahorros denominados en RMB bonos corporativos, y el gobierno chino ha publicado en Hong Kong la solución de comercio permitido de RMB, además de realizar esfuerzos para introducir el uso adicional de RMB en Hong Kong en los mercados financieros.

La parte continental ha sido durante mucho tiempo el más grande socio comercial de Hong Kong, lo que representa aproximadamente la mitad de las exportaciones de Hong Kong por valor.

Como resultado de la disminución en las restricciones de China para los viajes, el número de turistas del continente ha aumentado de 4,5 millones en 2001 a 17,7 millones en 2009, superando en número a los visitantes de todos los demás países juntos.

Datos Importantes de Hong Kong:
Idioma Oficial: Cantones e Ingles
Entidad: Región Administrativa Especial
Presidente: Leung
Primer Ministro: Chun Yin
Presidente del Consejo Legislativo: Jasper Tsang
Población 2008
Total: 7.009.200 hab.
Densidad: 6.325,9 hab/km²
PIB (nominal) Total: 330.755 mill. DolaresHongkonéses (HKD)
PIB per cápita: 42.123 dólares

Moneda: Dólar de Hong Kong

Dominio de Internet: .hk

Geografía:

La Región Administrativa Especial de Hong Kong está situada en el lado nordeste del delta del Río de las Perlas, y tiene una extensión de 1102 km^2, repartida entre una parte continental y más de doscientas islas e islotes. El 75% de esta superficie consta de reservas naturales, mientras que sus siete millones de habitantes residen en el 25% restante.

El territorio de Hong Kong se puede dividir en tres partes bien diferenciadas:

La isla de Hong Kong (adquirida por el Reino Unido en 1842)

La parte continental de Kowloon al sur de Boundary Street (adquirida por el Reino Unido en 1860, junto con la antigua isla de Stonecutters, hoy unida al continente).

Los Nuevos Territorios, incluida la isla de Lantau (arrendados por un periodo de 99 años en 1899).

Clima:

El clima de Hong Kong es subtropical y monzónico

Economía:

La bolsa de Hong Kong es el segundo mayor mercado de valores de Asia, sólo por detrás de la bolsa de Tokio. A pesar de su pequeño tamaño, Hong Kong ocupa el lugar undécimo en el mundo en volumen de operaciones bancarias.

Arte y Cultura:

La exposición de los UnitedBuddyBears, celebrada en el verano de 2004 en el histórico Parque Victoria bajo el patrocinio de Jackie Chan, fue el mayor espectáculo al aire libre nunca visto en Hong Kong. Unos dos millones de personas disfrutaron de la muestra.

Singapur

Singapur es una ciudad-estado, una isla situada justo encima de la línea ecuatorial. Mide de Sur a Norte unos 23 Km. Y de Este a Oeste unos 42 Km; llegando a tener un total de 641 Km cuadrados con una población actual de 3.1 millones de personas.

De 1960 a 1965 Singapur mantuvo una política de Industrialización por Sustitución de Importaciones pues produjo para el mercado interno pero con miras al mercado de la Federación Malaya.

A partir de entonces Singapur aplica una política definida de Industrialización Orientada a las Exportaciones, todo estos hechos hicieron que atrajera inversión extranjera, que ordenara su sistema laboral, y que creara la infraestructura necesaria.

Las Industrias que sobresalieron fueron las de construcción de barcos, refinería de petróleo y partes de electrónica.

A comienzos de 1970 Singapur experimentó escasez de mano de obra. A partir de ese año enfrenta además la competencia de países vecinos con mano de obra barata. Entonces el gobierno impulsa las Industrias intensivas en capital que usan mano de obra tecnificada e invita a empresas de alta tecnología.

Razones de su éxito económico

Singapur no tiene recursos naturales, pero cuenta con gente capacitada, y con una excelente ubicación.

El Capital extranjero aportó los recursos, la tecnología y los mercados de exportación que Singapur necesitaba.
Singapur tiene una economía de libre mercado altamente desarrollada y con éxito. Goza de una economía notable, un entorno abierto y libre de corrupción, estable y un PIB per cápita superior a la mayoría de los países desarrollados.

La economía depende fuertemente de las exportaciones, sobre todo en electrónica de consumo, productos de tecnología de la información, productos farmacéuticos, y en un sector creciente de servicios financieros.

Datos Importantes de Singapur:

Lema: MajulahSingapura, Adelante Singapur
Himno: MajulahSingapura
Capital: Ciudad de Singapur
Idiomas oficiales:
Inglés

Malayo

Chino mandarín

Tamil

Gentilicio: Singapurense

Forma de gobierno: República parlamentaria

Presidente: Tony Tan KengYam

Primer Ministro: Lee HsienLoong

Presidente del Parlamento: AbdullahTarmugi

Fiscal General: Chan SekKeong

SuperficieTotal : 707,1 km^2

PIB Total (2010): US$291.712 millones

PIB Total (2008): US$ 181.939 millones

PIB per cápita: US$ 38.972

Moneda: Dólar de Singapur(SGD)

Dominio Internet: .sg

Miembro

de: ONU , Commonwealth, APEC yASEAN, P4

Singapur significa Ciudad de los Leones.

Habitantes:

Población total: 4.700.000 (2010)

Densidad: 6.646 hab/km^2

Geografía:

La República de Singapur es una isla y ciudad-estado situada al sur del Estado de Johor en la Península de Malasia y al norte de las islas Riau de Indonesia, separada de éstas por un estrecho. Con 707.1 km², es el país más pequeño del Sudeste de Asia.

Singapur es el cuarto centro financiero más importante del mundo, y juega un papel preponderante en el comercio internacional y la economía mundial. Además, es el segundo país con más densidad de población en el mundo, después de Mónaco.

Clima:

Singapur tiene un clima ecuatorial sin estaciones distintivas, con las temperaturas y la presión uniformes, humedad alta y lluvias abundantes. Las temperaturas suelen variar de entre 23 a 32 ° C. La humedad relativa promedio es de alrededor del 79% en la mañana y 73% por la tarde.

Religión:

La religión mas practicada en Singapur es el Budismo, la segunda es el Islam, la tercera es el cristianismo, la cuarta es el taoísmo, y la quinta es el hinduismo.

La cultura de Singapur:

Es una mezcla de elementos de las culturas china, británica, malaya e india; en una conjunción de elementos de una historia que se distingue por la inmigración.

Gastronomía:

El popular Arroz con pollo Hainanese, Laksa, Un plato muy popular en Singapur.

La gastronomía de Singapur es un excelente ejemplo de la mezcla étnica y diversidad de culturas existentes en Singapur.

Referencias:

(28 de Diciembre de 2013). Obtenido de http://es.wikipedia.org/wiki/Corea_del_Sur

(31 de Diciembre de 2013). Obtenido de http://es.wikipedia.org/wiki/Isla_de_Taiw%C3%A1n

(5 de Enero de 2014). Obtenido de http://en.wikipedia.org/wiki/Hong_Kong

(2 de Enero de 2014). Obtenido de http://es.wikipedia.org/wiki/Singapur

Beato, N. (29 de Octubre de 2011). *Acento.* Obtenido de Los Tigres Asiáticos: http://www.acento.com

Briscoe, I. (2008). Persiguendo a los Tigres ¿Pueden los Estados frágiles imitar el milagro asiático? *Seminario en Madrid*, 6-7.

Chavez, J. G. (2010). *Los cuatro Tigres o Dragones Asiáticos.*

Gassós, D. (2000). *La Población en Asia.* León, Guanajuato. México: Fondo y Fomento Cultural.

Rodriguéz, C. A. (s.f.). Los cuatro Tigres de Asia. En *Introducción a la economia Asiatica.*

Villacampa, V. (2000). *Extremo Oriente.* Leon, Guanajuato. México: Fondo y Fomento Cultural.

Competitividad y Desarrollo En Chile a Través de Estrategias Innovadoras

Perla Domínguez Espino

Resumen

En un mercado como Chile es fundamental encontrar soluciones innovadoras y eficientes, a pesar de las limitantes que se puedan tener. Ya que se hace muy difícil competir en mercados masivos con los grandes productores mundiales, como lo es E.U, Brasil, Australia, Argentina por lo que se requiere de una estrategia sectorial que responda a oportunidades de negocios exclusivos, que permitan el crecimiento nacional en base a productos especiales orientados al alto valor.

Para ello en la Innovación y Competitividad se enfocaria en definir prioridades de política en los tres pilares fundamentales de la Estrategia Nacional de Innovación, enfatizando que el objetivo último es promover la innovación empresarial y la diversificación productiva, siendo la ciencia, la tecnología y el capital humano fundamentales para lograr ese objetivo en una perspectiva de mediano y largo plazo.

Competitividad industrial e Innovación Tecnológica en Chile

Introducción

En esta actualidad la globalización trae consigo cambios muy importantes para el futuro en territorios sub nacionales. Para ello se debiera dar por sentado que la revolución científico-tecnológica ha tenido y seguirá teniendo repercusiones muy significativas en este actual siglo y sobre todo en los territorios que no se cuentan con un índice de desarrollo tecnológico. Pero a través de esto las economías nacionales se han hecho más interdependientes; por este proceso que ha ido acompañado de una reestructuración profunda de los procesos productivos, que se han flexibilizado al surgir nuevas tecnologías para cuya aplicación son indispensables nuevos conocimientos. Además también las condiciones de cambio y competencia que la apertura de mercados globales impone a las empresas las obliga a buscar fuentes de competitividad que les permitan cumplir sus metas estratégicas.

Pero en sí, el crecimiento, el desarrollo y la competitividad de un país están muy ligados entre sí, y los indicadores que reflejen el avance o retroceso en cualquiera de los tres, estará afectando necesariamente a los otros dos y en una sociedad todas las partes se ven afectadas por dichos cambios, por lo tanto, deben hacerse responsables tanto en conjunto como por separado.

Ahora bien en este apartado se analizaran los factores que han contribuido al actual posicionamiento de Chile en los rankings internacionales de innovación y competitividad además las proposiciones para mejorar y dinamizar el sistema chileno de innovación. Esto para que el lector analice y se de cuenta de los factores fundamentales para el despegue económico de este país ya que combinan una historia de oportuna apertura económica con la creación y evolución de instituciones promotoras de innovación, un manejo macroeconómico responsable, y la consolidación, aún insuficiente, de un sistema nacional de innovación. Así mismo, se señalan las condiciones necesarias para mantener capacidad sostenida de innovación y, utilizando conceptos y metodologías de sistemas adaptativos complejos, para facilitar la innovación productiva.

También se tomara en cuenta la agenda digital imaginaria que se tiene para los próximos años ya que es la base de esta acción digital que se trata sin lugar a duda de una visión estratégica de lo que se requiere para Chile y de cómo enfrentarse a la revolución digital para que los ciudadanos desempeñen en un escenario que va a ser cambiante y dinámico.

Chile en la Competitividad de las Empresas y Organización de un país a Través de Estrategias Innovadoras

En la actualidad Chile se a convertido en uno de los grandes centros económicos mas importantes a nivel mundial ya que debido a otros tiempos atrás ocupaba una posición lejana a la de esta actualidad. Se nota la gran diferencia de otros centros económicos que ya no mantienen la misma posición de antes ya que están viviendo las peores crisis financieras de los últimos tiempos, mientras que chile sigue en crecimiento a través de una política económica empujada por una política económica en estos últimos años ya que ha pasado a ser uno de los privilegiados en Latinoamérica reforzando los vínculos culturales, económicos y sociales con el resto del mundo. De igual forma como la revolución industrial se instauró una nueva era en la historia de la humanidad, hoy vivimos procesos de cambios globalizados, impulsado mayoritariamente por la utilización de las tecnologías de la información. Hoy, se hace indispensable el uso de las TIC como elemento de competitividad para el crecimiento socio-económico, mejorando su educación y otorgando mayores herramientas de desarrollo para los ciudadanos. El desafío para chile ha sido evolucionar, transformar los mercados, promover y atraer más innovación al país, recuperando el liderazgo en Latinoamérica, de lo cual se ha mostrado a través del tiempo ya que su ranking no es el mismo ha siglos pasados.

Chile se ha acercado a los niveles de países desarrollados en usuarios de internet, pasando de 39 usuarios cada 100 habitantes en 2009 a 68 en 2012 con un crecimiento acumulado de 74%. Es lider de la región en usuarios de internet, superando ampliamente a países como lo es Uruguay, Argentina y Brasil.

No obstante, estos grandes avances son sólo los primeros pasos. Las tecnologías y las redes son el medio, el fin es una sociedad inclusiva, con más oportunidades y desarrollada económicamente.

Información General

El nombre oficial de nuestro país es República de Chile y su capital es Santiago de Chile. Chile se extiende a lo largo de más de 4.200 Km. en una estrecha franja entre la Cordillera de Los Andes y la costa sur oriental del Océano Pacífico. Su ancho máximo alcanza los 440 Km.

Limita al norte con Perú, al este con Bolivia y Argentina y al sur con el Polo Sur. Además, posee territorios insulares en el Océano Pacífico, como el Archipiélago Juan Fernández y la Isla de Pascua, ubicada en la Polinesia, totalizando una superficie que alcanza los 756.950 Km2.

Chile cuenta con un territorio Antártico de 1.250.000 Km2. El idioma oficial de Chile es el español y los idiomas nativos son ampliamente usados. El mapudungun es hablado por cerca de 200.000 personas y el quechua por cerca de 1.000, mientras que el rapanui sólo lo hablan algunas personas de la Isla de Pascua. La moneda oficial en Chile desde 1975 es el peso chileno.

Además es un país único, con una geografía inusual que incluye distintos climas: desde el Desierto de Atacama en el norte hasta la Antártica en el sur. Chile es uno de los países más desarrollados del continente. Sin embargo, los visitantes se sienten atraídos por los lugares remotos y casi sin intervención de la mano del hombre.

Economía

Es una de las economías más abiertas del mundo, con bajas tarifas aduaneras y fuerte orientación a las exportaciones. Desde hace más de 12 años el PGB chileno crece a razón de 7% anual, mientras la inflación desciende sostenidamente, situándose hoy en poco más de 4% anual. Chile es miembro del APEC y de MERCOSUR, y ha suscrito acuerdos comerciales con la unión Europea, México y Canadá.

Entre las principales actividades se cuentan la minería, los servicios, la extracción de materias primas, la industria forestal, la pesca y la manufactura y el turismo. El principal producto comercial es la minería del cobre, aunque también es importante la explotación de otros recursos como molibdeno, oro y plata. En la actualidad, la extracción cuprífera representa el 30% de las exportaciones del país.

La minería es la principal actividad económica de las regiones de Tarapacá, Antofagasta y Atacama y es de gran importancia en las regiones de Coquimbo, Valparaíso y Libertador Bernardo O'Higgins. En la Región de Magallanes, la explotación de yacimientos de petróleo es de suma importancia para el abastecimiento interno.

Las principales actividades de las regiones del centro y sur del país son la agricultura y la ganadería. La exportación de frutas y verduras ha alcanzado niveles históricos al abrirse las puertas de los mercados europeos y asiáticos, al igual que productos de la explotación forestal, pesquera y de crustáceos. Un ejemplo de esto es que, durante los últimos años, Chile se ha convertido en el primer exportador del mundo de salmón, tras superar a Noruega en el 2006, y en uno de los más importantes productores del rubro vitivinícola.

Por otro lado, Chile se ha convertido en plataforma de inversiones extranjeras para otros países de Latinoamérica y muchas empresas han comenzado a instalar sus sedes corporativas en Santiago. También tiene una importante presencia en inversiones en el sector servicios en Latinoamérica.

Estado

La República de Chile es un Estado unitario democrático, de carácter presidencialista, regido por la Constitución Política de la República de Chile.

El Poder Ejecutivo está encabezado por el Presidente de la República. En la actualidad, este cargo es ejercido por Don Sebastián Piñera Echenique.

El Poder Judicial está constituido por tribunales, autónomos e independientes y tiene a la Corte Suprema como su institución más alta.

El Poder Legislativo reside en el Presidente de la República y el Congreso Nacional, el cual tiene carácter bicameral y está compuesto por el Senado y la Cámara de Diputados. El Congreso Nacional tiene su sede en la ciudad de Valparaíso.

Constituyentes para una Innovación

La innovación constituye el mecanismo óptimo para garantizar la sostenibilidad del crecimiento y la competitividad del país en el largo plazo. Innovar no sólo significa desarrollar nuevos productos y transformar los productos existentes. Consiste en crear nuevas formas de organizar, gestionar, producir, entregar, comercializar, vender y relacionarse con clientes y proveedores; logrando, en última instancia, generar valor agregado a través de toda la cadena productiva. Es por esto que la innovación y la inversión en investigación y desarrollo no son exclusivas a los sectores de alta tecnología. Por lo contrario, deben ser parte vital de todos los sectores económicos y hacerse extensivos a todos sus eslabonamientos.

Ahora bien, la innovación no sólo es pieza central en el desarrollo de las actividades productivas. Es, por lo contrario, parte fundamental de todas las esferas del desarrollo, incluyendo el progreso social, el buen Gobierno, la consolidación de la paz, la sostenibilidad ambiental y la adaptación al cambio climático. Por tanto, el primer paso para realmente generar impactos económicos y sociales de largo alcance es consolidar una cultura de innovación en las organizaciones sociales, en las instituciones públicas y territoriales, en las fuerzas militares, entre los niños y jóvenes, en las zonas rurales, y en general, en todas las esferas de la sociedad.

Estado y la Interacción con Privados en el Desarrollo del País.

Es fundamental que existan políticas de estado que apunten hacia mejoras en la competitividad y el desarrollo del país, pero no serían efectivas sin la participación del resto de los actores de la sociedad y de la economía. Es decir, todas las políticas o reformas deben ir acompañadas de una interacción del Estado con los privados. Se requiere también que el Estado funcione como un solo aparato y que todas las políticas apunten hacia un mismo objetivo, de forma que el país avance en todas sus áreas de manera simultánea, sin dejar ninguna atrás, pero

¿Qué se requiere para formar este polo tecnológico? En primer lugar, superar las barreras culturales propias de Chile, lo que se puede conseguir por medio de la educación; en segundo, fortaleciendo las escuelas técnicas superiores para contar con suficientes recursos humanos; tercero, es clave cambiar las regulaciones para facilitar la innovación y el emprendimiento, apoyando los desarrollos de emprendimiento como iniciativas nuevas o bien como desarrollos intra-corporativos, para aumentar así la participación de los privados y facilitar el ingreso de capitales extranjeros para la generación de ingresos locales.

Factores afectantes a el crecimiento y desarrollo de un país.

Es necesario analizar algunas de las variables que han generado avances en el crecimiento y la competitividad de algunas regiones y en particular de algunos países, para buscar herramientas para enfrentar las siguientes dos décadas buscando ubicar a Chile dentro de los países desarrollados y un país altamente competitivo.

Primeramente se distingue que se ha retrasado un poco el crecimiento de Chile en estos últimos años hasta la fecha ya que algunos elementos causaron varias caídas en la competitividad que tenia a nivel internacional. En las últimas dos décadas que han surgido en el siglo XX se creó empleos, generando un incremento a la productividad de las empresas y también a la creación de nuevas empresas hacia la productividad esto comenzó a caer en los 90's. Esto ha raíz de la entrada al mercado durante los últimos 16 años de las empresas con la disminución de productividad que generaron un gran crecimiento en capital y sobretodo de trabajo.

Avances de Chile en Innovación del 2008 – 2010.

En el período 2008-2010 Innova Chile ha aportado recursos en calidad de subsidios para promover la Innovación para el Desarrollo, del orden de los $106 mil millones de pesos (US$226.3 millones). Sin embargo, hay que enfatizar el efecto catalizador que tienen las acciones de Innova Chile para estimular la movilización de recursos del sector privado para la innovación y el desarrollo tecnológico, que en algunos casos ha representado hasta más del 50% de lo aportado por la entidad pública. Con ello se apoyado a un mínimo de 727 proyectos.

Innova Chile ayuda a sus clientes a: *Obtener financiamiento para su empresa, transferir tecnología, innovar en la empresa, mejorar la gestión de procesos, desarrollar negocios en forma asociativa, invertir en chile y sus regiones, mejorar el entorno para la innovación, financiar estudios de educación superior, y ejecutar proyectos audiovisuales.*

Agenda de Innovación y Competitividad 2010-2020.

Para esta Agenda Digital, que se tiene es simplemente una estrategia de desarrollo digital de Chile para el periodo 2013-2020, se suma a iniciativas que se han desarrollado con el objeto de fomentar el uso de las Tecnologías de la Información y las Comunicaciones (TIC) para mejorar la competitividad de los países y la calidad de vida de sus ciudadanos.

Para que Chile logre alcanzar el desarrollo económico al 2018 es necesario continuar trabajando en el crecimiento sostenible del país. Un desarrollo que "satisfaga las necesidades del mismo sin comprometer la capacidad de las generaciones futuras para satisfacer sus propias necesidades. La Agenda Digital Imagina Chile busca poner a las TIC al servicio del progreso del país, ayudando a hacer de Chile un lugar mejor para crecer, trabajar y vivir.

Con esta mirada, las infraestructuras de telecomunicaciones son fundamentales para el desarrollo de la sociedad. Casos como Singapur, que ocupa el segundo puesto en el ranking de la edición 2012 del informe "Network Readiness Index" del Foro Económico Mundial, muestran el impacto directo en la productividad y el crecimiento en todos los sectores económicos que tiene la penetración de banda ancha y la inclusión digital.

Para el fomento de la productividad y el crecimiento de Chile

Infraestructura y recursos

- Generación y suministro de energía
- Suministro de agua y disponibilidad de recursos naturales
- Infraestructura para transportes y/o distribución de recursos naturales
- Infraestructura para telecomunicaciones
- Logística

Marco normativo, legal y político

- Estado de Derecho y derechos de propiedad
- Regulación de la competencia para una economía de mercado
- Transparencia en el sector privado y público
- Políticas de apoyo público al sector privado y la inversión
- Regulación laboral y medioambiental
- Propiedad Intelectual

Finanzas y Comercio

• Acceso general al sistema financiero nacional e internacional

• Eficiencia del mercado financiero

• Comercio y acceso a mercados

Tecnologías transversales

• Biotecnología

• Tecnologías de información y comunicación

• Química de alimentos

• Nano Ciencia y Nanotecnología

Ejes Estratégicos

A partir de las tres Jornadas de Diálogo Digital se definen cinco ejes estratégicos de la Agenda Digital Imagina Chile, que serán los pilares para el desarrollo digital de los próximos ocho años.

Eje estratégico **conectividad e inclusión digital:** facilitar el acceso a las redes y servicios de la sociedad del conocimiento a todos los chilenos.

Eje estratégico **servicios y aplicaciones:** mejorar la productividad y la calidad de vida, a través de los servicios del mundo digital.

Eje estratégico **educación y capacitación:** entregar las capacidades necesarias para desenvolverse en la sociedad del conocimiento, apoyando los procesos formativos, a través de las tic, desde la escuela hasta la vida laboral.

Eje estratégico **entorno para el desarrollo digital:** crear las condiciones necesarias para incentivar el desarrollo del ciudadano y las empresas en el mundo digital.

Eje estratégico **innovación y emprendimiento:** generar un entorno que favorezca el desarrollo y el emprendimiento tic del país, que fomente la acción combinada de los sectores productivos en materia tecnológica y que proporcione herramientas para potenciar la actividad innovadora.

Agenda Micro.

Para crecer nuevamente a tasas cercanas al 7% anual es necesario implementar una serie de reformas microeconómicas que están pendientes. Ello permitirá mejorar la productividad de nuestro país, la cual ha sido cercana al 0,5% en los últimos años, mientras que en años previos (para el periodo 1985-1997) era cercana al 3% anual.

Para estos efectos la estrategia global debe apuntar a incrementar la competitividad desde varios ángulos:

Conciliar mecanismos de flexibilidad laboral, necesarios para incrementar la participación laboral y la inserción de sectores jóvenes, de mujeres y de trabajadores con menor calificación y experiencia.

Anticiparse al desarrollo de sectores que puedan ser cuellos de botella para el desarrollo futuro, y cuyas inversiones presentes están de una u otra forma distorsionadas. Puede ser el caso del sector portuario, aeroportuario, los caminos secundarios, infraestructura urbana, etc.

Modernización del Estado. Ello incluye el desarrollo eficiente de la salud y educación, la gestión eficiente de los recursos, el fortalecimiento de la evaluación social de proyectos, la descentralización y externalización de funciones, el fortalecimiento de la dirección pública, etc.

Nuevos pasos estratégicos en el desarrollo del mercado de capitales.

Fortalecimiento y desarrollo del sector energético, de manera de contar con una matriz eficiente y que se adecue al incremento de la demanda.

Índice de competitividad global

El ***World Economic Forum*** (WEF, Foro Económico Mundial) muestra como actualmente y por tercer año consecutivo Chile se ubicó en el No 34 del ranking del Foro Económico Mundial. Esto destaca que es una economía competitiva de América latina. Una adecuada estructura institucional, bajos de deudas públicas, solido entorno macroeconómico y un presupuesto público equilibrado proveen a chile de bases solidas para que se mantenga competitivo mediante el liderazgo en la región. Si ahora bien esto resulta algo importante para conocer la posición relativa en un índice general registrada. Resulta llamativa la caída sistemática registrada por chile en estos últimos años ya que es el foco proveniente del informe WEF. El cálculo del índice se hace en función del nivel de desarrollo que se le asigna a cada país, por lo que los ponderadores de los tres subíndices en los que se agrupan los doce pilares requerimientos básicos, potenciadores de la eficiencia y factores de innovación y sofisticación, no son idénticos.

El Cuadro N° 1 resalta las posiciones para cada una de las 5 etapas del desarrollo, las cuales se caracterizan por distintos niveles de PIB per cápita.

Cuadro N° 1

PONDERADORES PARA LAS CINCO ETAPAS DEL DESARROLLO

	1° Etapa: Impulsada por Factores	Transición de 1° a 2° Etapa	2° Etapa: Impulsada por Eficiencia	Transición de 2° a 3° Etapa	3° Etapa: Impulsada por Innovación
PIB per cápita (US)	<2.000	2.000–2.999	3.000–8.999	9.000–17.000	>17.000
Subíndice Requerimientos Básicos	60%	40–60%	40%	20–40%	20%
Subíndice Potenciadores de la Eficiencia	35%	35–50%	50%	50%	50%
Subíndice Factores de Innovación y Sofisticación	5%	5–10%	10%	10–30%	30%

Fuente: *The Global Competitivness Report.*

En la última edición del ranking Chile se ubicaba en (Transición de 2° a 3° Etapa), al igual que Argentina, México y Brasil, mientras que Perú y Colombia (se ubican en 2° Etapa). Esto redunda en que por ejemplo la ponderación del Subíndice

Requerimientos Básicos sea mucho más relevante en el puntaje final para Perú que para Chile, y que éste a su vez sea más relevante para un país como Bolivia, que se encuentra en (Transición de 1° a 2° Etapa).

Con esto se intenta incorporar en el índice la noción de que los desafíos de competitividad para países con distintos niveles de desarrollo, son sin duda diferentes. Asimismo, elementos como la estabilidad macroeconómica, si bien son factores de desarrollo clave para que países de bajo ingreso per cápita como Zimbabwe y Haití comiencen a crecer, resultan incapaces de sostener el dinamismo de economías ya desarrolladas, como las 37 que se encontrarían en una "3° Etapa".

Resultados del WEF (*World Economic Forum*)

Presento un registro del retroceso en el ranking del cual esta chile. La versión 2013-2014 del Índice de Competitividad Mundial ubicó a Chile en el puesto N° 34 entre 148 países, un lugar menos que el año pasado. Esta es la posición más baja que ha obtenido Chile desde que hay datos comparables y se aleja del puesto N° 22 que alcanzó en 2004, su mejor lugar hasta ahora. Desde ese año bajó 12 ubicaciones. Esta tendencia llevó a la entidad con base en Ginebra, Suiza, a hacer un llamado a nuestro país para que mejore su productividad y diversifique su modelo de crecimiento hacia actividades que tengan mayor valor agregado.

Cuadro N° 2

PAÍSES TOP TEN EN AMÉRICA LATINA

Puesto	País	Puntaje
1.	Puerto Rico	4.67 (31)
2.	Chile	4.65 (33)
3.	Panamá	4.49 (40)
4.	Brasil	4.40 (48)
5.	México	4.36 (53)
6.	Costa Rica	4.34 (57)
7.	Perú	4.28 (61)
8.	Colombia	4.18 (69)
9.	Uruguay	4.13 (74)
10.	Guatemala	4.01 (83)

Fuente: *World Economic Forum 2013.*

* El número en paréntesis corresponde a la posición del país en la clasificación a nivel mundial.

El tradicional informe destaca de todas formas a Chile como la economía más competitiva de América Latina, al igual que en años anteriores (ver Cuadro N° 2). El informe indica que un sólido entorno macroeconómico (donde nuestro país ocupa la posición N° 17), con una adecuada estructura institucional (puesto N° 28), un presupuesto público equilibrado y bajos niveles de deuda pública proveen a Chile de sólidas bases que permiten sostener y mantener su liderazgo competitivo en la región. Por otra parte, precisa que en el país se han realizado grandes esfuerzos por desarrollar las Tecnologías de la Información y la Comunicación, lo cual ha rendido frutos.

Desafíos

El tener un incremento en competitividad y romper la tendencia a la caída de los últimos años dependerá de la capacidad para transformar varias debilidades en fortalezas. Se debe evitar caer en consignas que terminen perjudicando algunos de los elementos positivos ampliamente reconocidos que sustentan hoy la posición competitiva de Chile, como lo son la infraestructura concesionada, un Estado relativamente pequeño y eficiente, cuentas fiscales sanas, confianza en la instituciones, resguardo de la propiedad y una estructura impositiva moderna que comparativamente desincentiva poco la inversión, el trabajo y la retención del talento.

Asimismo avanzar en un nivel de desarrollo, en las actividades económicas que requieren mayores niveles de innovación y de habilidades para poder aprovechar el potencial que se cuenta en Chile. Como bien se deben reflejar metas más exigentes, pero sin nunca olvidar las condiciones básicas que han sustentado el avance esto para mantener un mejor equilibrio económico.

Bibliografía

Congreso Mundial derecho del Trabajo y Seguridad Social. XX CONGRESO MUNDIAL CHILE 2012. *www.congresomundialtrabajo2012.com/informacion-de-chile. 2012*

Diego E. Figueroa Cepeda. **Competitividad y Desarrollo en Chile: desafíos de crecimiento e innovación para las próximas décadas.** Magister en Innovación Tecnológica y Emprendimiento (C). *Julio 2010*

Eduardo Bitran C. **La estrategia nacional de innovación para la competitividad.** *Octubre 2008*

Chile pierde competitividad en innovación tecnológica. *27/09/2011 http://www.innovacion.gob.cl/2011/09/chile-pierde-competitividad-en-innovacion-tecnologica/*

Adolfo Arata Andreani. Departamento de industrias-Universidad Santa María cámara regional de la producción y el comercio. **Competitividad Empresarial: Foco del Desarrollo Regional.** *Mayo 2009*

Innova Chile: una Apuesta por la Innovación. Revista ALIDE. *www.alide.org.pe/download/Financ_Sectorial/fn11_mic_rev1_InnovaChile.pdf. Enero/Marzo 2011*

Gabriela A. Ramírez Méndez MSc,Ph.D. **Desarrollo de la Innovación Tecnológica en Chile: Antecedentes y Desafíos Estrategicos**.www.*redalyc.org/articulo.oa?id=187218419006. Mayo 2010*

Eduardo Bitran Colodro. **Agenda de Innovación y Competitividad 2010-2020.** Consejo Nacional de Innovación para la Competitividad. *Marzo 2010*

La Exportación de Ganado Bovino, Enfocado en el Estado de Chihuahua a Estados Unidos.

Sergio Alberto Solís Valdez, Matrícula
Juan Sifuentes Rojas

La ganadería de carne ha sido por muchos años una de las actividades económicas fuertes del estado de Chihuahua, con un desarrollo de forma extensiva en cerca de 17.5 millones de hectáreas dedicadas a la producción de bovinos de carne. Una de las condicionantes de nuestro sistema de producción es sin lugar a dudas su condición climatológica extrema y una época de lluvia que se caracteriza por ser errática, torrencial y no de forma regular. La producción de pastizales está condicionada a una buena temporada de lluvias con un buen invierno y el pasado no fue precisamente bueno.

Por lo anterior, la exportación de ganado en pie a los Estados Unidos es la salida natural de más de 350,000 cabezas en un período relativamente corto de seis meses que le permite desalojar los agostaderos y dejar el mucho o poco pastizal - que se haya producido en la temporada de lluvias inmediata anterior - para el pie de cría, además de significar una entrada fuerte de divisas al estado hasta de 192 millones de dólares o 2,213 millones de pesos anuales.

El origen de la ganadería en el Estado de Chihuahua fue por demás modesto, como lo han sido las grandes empresas que caracterizan el empeño del hombre. Durante tiempos en donde predominaban los grandes terrenos poseídos por unas cuantas personas, llámese a estos latifundios. Por ejemplo Don Luis Terrazas llegó a tener veinte haciendas que sumaban un total de dos millones 639 mil 954 hectáreas equivalentes a la novena parte de la superficie total del estado, aunque se presume que el imperio terracista abarcaba cuatro millones 460 mil cien hectáreas. En cuanto a cabezas de ganado, nadie sabe con exactitud, cuantas llegó a poseer. Hay quien dice que fue dueño de un millón de vacas, los herraderos de becerros en las haciendas de Don Luis terrazas alcanzaron un número cercano a los 140 mil cabezas de becerros, sin contar ganado de otro tipo diferente al bovino.

A propósito de Don Luis Terrazas, escribió un norteamericano: "La historia de los imperios ganaderos del mundo, no podría ser mencionada sin nombrar a Don Luis Terrazas, como en la historia de los Estados Unidos de Norteamérica no puede dejar de mencionarse a George Washington".

Gran parte de la economía del latifundio ganadero descansaba en la exportación de novillos hacia E.U.A y en el mercado de la ciudad de México. En esos años ya existían las engordas, que provenían al mercado nacional de importantes cantidades de carne, alcanzando un consumo promedio de 17.4 kg al año por habitante. Actualmente el promedio ha descendido a 10.8 kg anuales por persona.

El ganado chihuahuense en el ámbito internacional.

El ganado del estado de chihuahua se ha caracterizado por ser de gran calidad cárnica, con una gran rusticidad y adaptación al clima chihuahuense factores que influyen y determinan el liderazgo con el que cuenta este estado al ser uno de los mayores productores y exportadores de ganado bovino contando con razas de genética de alta calidad, tales como, Hereford, característico y denominado como el ganado cara blanca de chihuahua; cabe destacar que el estado cuenta con algunas otras razas que han sido implementadas en los diferentes hatos ganaderos, dada su adaptabilidad a las condiciones climáticas.

La introducción de nuevas razas al estado de chihuahua se considera una actividad que modernizó a la ganadería y va en pro del mejoramiento genético; un claro ejemplo de esto fue a finales de la década de los 60`s donde se inicia la cría de ganado Brangus en la región de Buenaventura que años después revoluciono la ganadería del estado. Otras introducciones más recientes de razas de bovinos que vale la pena mencionar son la Beefmaster en el año de 1984, la Limousin en 1985, la Salers en 1988.

Exportación de ganado en pie a EU. "La reactivación ganadera en Chihuahua".

El estado de Chihuahua es reconocido por contar con las mejores razas de ganado del mundo, ya que el clima y geografía proveen de tierras y temperaturas a las que se han adaptado las razas europeas, cuya calidad genética está probada, gracias a esta gran virtud, el sector ganadero de exportación obtuvo una derrama económica de más de dos mil 197 millones de pesos, por la venta en el extranjero de 466 mil 012 cabezas de ganado, durante el ciclo 2012-2013. Esto quiere decir que la ganadería chihuahuense está en su mejor momento, pues se han logrado máximos históricos en cuanto a precio y volúmenes de exportación.

El esfuerzo y trabajo coordinado entre los productores y los diferentes ámbitos de gobierno, se pudieron sortear los retos y amenazas que se presentaron en diversas áreas del sector ganadero, como la sequía, que provocó una importante escasez de forrajes, así pues podemos mencionar que para mantener el control sanitario, la Secretaría de Desarrollo Rural del estado, en coordinación con la

Secretaría de Agricultura, Ganadería, Pesca y Alimentación, además de otras dependencias federales han hecho más de 3.5 millones de pruebas de tuberculosis a más de 7 mil 600 hatos ganaderos en diversas partes del estado.

La producción de ganado representa una actividad económica importante en Chihuahua y atiende la fuerte demanda de consumo de los mercados internacionales, es por ende que el estado, en conjunto con sus productores, han trabajado en la modernización de sistema de monitoreo y seguimiento a la movilización de ganado, lo cual ha dado como resultado mantener abierto el mercado de exportación hacia los Estados Unidos.

Algunas estrategias para apoyar a los ganaderos es el programa de repoblamiento de hatos, entrega de sementales de registro y de embriones de razas europeas mejoradas genéticamente, para lograr en un corto plazo un incremento en los volúmenes de producción y mejora en la calidad de la carne. La intención es elevar la competitividad y rentabilidad de las actividades primarias entre ellas la ganadería, en lo cual Chihuahua cuenta con una vocación natural para la cría de bovinos, ya que en la entidad existen más 17 millones de hectáreas de agostadero.

Cabe mencionar que en el estado de Chihuahua hay tres estaciones cuarentenarias fronterizas por donde se lleva a cabo la exportación:

Palomas con Columbus, Nuevo México

Jerónimo con Santa Teresa, Nuevo México

Ojinaga con Presidio, Texas.

El 30 por ciento del inventario mundial de bovinos se encuentra en Norteamérica, en donde Estados Unidos mantiene el 2 por ciento, México el 18 y Canadá el 10.

El estado de Chihuahua incrementa su mercado hacia diferentes horizontes.

Gracias a la gran capacidad de producción pecuaria bovina que cuenta el estado de chihuahua, el gobierno del estado ha trabajado en conjunto con productores regionales, así como también, de la mano de dependencias federales para extender su mercado, ya no solo hacia nuestro principal consumidor (E.U.A) sino también a países de oriente como Japón, Rusia y la unión Europea. Algunos de los grandes proyectos federales y estatales, los cuales han puesto a chihuahua en la punta de productores cárnicos, han sido los llamados rastros TIF (Tipo Inspección Federal), implementados en varias regiones claves del estado y capacitados para abastecer el mercado nacional e internacional con un ritmo de procesamiento de más de 2 mil cabezas de ganado por día.

La industria empacadora de carnes en México tuvo un gran desarrollo con el mercado que se generó para el abasto de las tropas de los Estados Unidos en la Segunda Guerra Mundial de 1940 a 1946, motivo por el cual durante el gobierno del Gral. Manuel Ávila Camacho se construyeron en México plantas procesadoras de carne siguiendo la normatividad sanitaria prevalente en los Estados Unidos. Siendo este el primer antecedente del sistema TIF, enviando carne a Estados Unidos.

En los siguientes 40 años (1950-1990), se certificaron establecimientos enfocados principalmente en el mercado de exportación con los giros de:

Sacrificio de bovinos, equinos, porcinos y aves

Calibradora de intestinos

Deshuese de bovinos y porcinos

Pellet de porcinos

Embutidos

Hoy en día se tienen clasificados a la gran variedad de giros en 4 grupos principales que son:

Establecimientos TIF de sacrificio

Establecimientos TIF de corte y deshuese

Establecimientos TIF de almacén frigorífico

Establecimientos TIF de transformación

Un ejemplo es que los ganaderos de Chihuahua, empezaron exportando a Japón un cargamento de 12 toneladas de carne de res, dentro de un programa que busca expandir el mercado chihuahuense de cárnicos a Europa y Asia, tomando en cuenta las características de la carne de engorda de primera calidad que cumple con todos los requisitos mundiales para su exportación.

Expertos en la materia expresan que es el proyecto ganadero más ambicioso de la historia de Chihuahua, que buscará exportar carne de primera calidad a Europa y Asia. Apoyando este gran proyecto el gobierno estatal implementa programas públicos de apoyo a este sector, se pretende que en Chihuahua se alcance la cifra de tres millones de vientres en la entidad, dicho apoyo inició con la entrega de miles de becerros a ganaderos locales.

Los ganaderos de Chihuahua han exportado tradicionalmente ganado en pie o becerros a los Estados Unidos y esta es la primera ocasión que cambian de giro para vender a otros países carne empaquetada en cortes específicos.

Qué bueno que tenemos la posibilidad de la exportación de ganado en pie, pero no es posible depender únicamente de ello, por eso debemos cambiar la forma de hacer las cosas, modificación que debe estar ligada a una política pública permanente que dé más valor y otra condición de vida a las familias dedicadas a esta actividad.

El proyecto implica que los productos chihuahuenses se procesen en la entidad, se exporten a otros países y den un valor agregado.

Consolidándose el proyecto se pueden implementar giras de promoción a países como Rusia, Corea y China, para buscar la apertura de más mercados a los productos cárnicos chihuahuenses.

Ya se está enviando carne a África, se están haciendo esfuerzos por ampliar exportaciones al mercado de Estados Unidos y Japón, y se está solicitando a la Secretaría de Economía que incorpore en protocolos sanitarios con China, Singapur y Malasia, que son otros mercados donde hay potencial.

Rusia es el segundo comprador de carne mexicana

y representa 18% de las exportaciones, con un valor de 115 millones de dólares.

CON DESTINO A E.U.A.

La comercialización de becerros en el mercado internacional es una actividad rentable si los productores son capaces de hacerse cargo de las funciones administrativas y operativas que les exige el mercado internacional.

Es por eso que se llevan a cabo ciertos requisitos para llevarla a cabo ya que la actividad exportadora es compleja, pues involucra aspectos sanitarios, de identificación y rastreabilidad, de comercialización y administrativos que han favorecido a la actividad en un número relativamente pequeño de intermediarios, acopiadores y organizaciones que hacen más fácil el procesos, y al mismo tiempo ejercen un importante nivel de control el mercado al tener el contacto directo con los comercializadores norteamericanos.

Identificación del Hato de Origen.

El objetivo es identificar a todo el ganado bovino del Estado de Chihuahua y mantener un registro de la movilización de los animales a los ranchos y/o hatos dentro y fuera del Estado mediante el uso de un arete verde, el cual permite determinar el propietario, rancho, ubicación y registro del fierro.

Para el registro y manejo de esta información, se desarrolló un sistema de cómputo llamado SICOMORA, el cual permite la localización inmediata del hato de origen, acceso al programa desde cualquier computadora con internet, previo registro en la UGRCH y/o en el Comité Estatal de Fomento y Protección Pecuaria de Chihuahua, A.C., asignación de clave de acceso individualizada, consulta permanente de registros de fierro y origen del ganado, además de la consulta del expediente de exportación. Los aretes verdes se distribuyen a través de 71 centros expedidores.

Departamento de Exportación.

En este departamento se revisa y se registra en la base de datos toda la documentación para la exportación. Se verifica el origen de los fierros de herrar teniendo especial cuidado que no procedan de hatos cuarentenados o de zonas no acreditadas para exportar. Igualmente se revisa la capacidad de exportación de cada fierro de acuerdo al censo ganadero realizado por la Secretaria de Desarrollo Rural, registrando el nombre del rancho, ubicación, propietario, vigencia del registro del fierro, origen del ganado, MVZ que realizó la prueba de tuberculosis, correlación de aretes azules con los aretes verdes para asegurar la rastreabilidad de los animales.

OBJETIVO: Conocer la metodología de la exportación de ganado hacia los Estados Unidos.

Requisitos para Exportar Ganado

Requisitos del ganadero:

Estar dado de alta en el padrón de exportadores

Se lleva a cabo un dictamen por un médico veterinario zootecnista

Se solicita el permiso de exportación

Se proporciona la información a la UGRCH

Requisitos zoosanitarios:

Se debe programar conjuntamente o a través de un médico veterinario aprobado en tuberculosis y brucelosis bovina

Se debe obtener el certificado zoosanitario

Se expide la autorización en la Secretaria de Fomento Ganadero

Una vez obtenido el permiso de la unión ganadera; el jefe de Departamento de movilización, fija el día de cruce y por cual estación cuarentenaria queremos cruzar el ganado.

¿de dónde viene el ganado de exportación en pie de México y hacia dónde va?

Orígenes y destinos de ganado (becerros) exportado de México a los Estados Unidos se demuestran de acuerdo a los métodos de sistemas de información geográfica (SIG) son usados para generar nueva información sobre los movimientos del ganado de México por el puerto fronterizo de Santa Teresa, Nuevo México hacia los Estados Unidos. Son tres fuentes de datos los cuales expresan que el ganado mexicano no solamente va hacia Texas como generalmente se cree, sino que también hacia la mayor parte del sur de los Estados Unidos.

Situación de seguimiento de ganado dentro de los Estados Unidos e importación de ganado mexicano

Recientes preocupaciones acerca de la incidencia de enfermedades de origen animal, la seguridad de los alimentos y el terrorismo agrícola han creado la necesidad de obtener información acerca del movimiento de alimentos y productos agrícolas básicos dentro de los Estados Unidos. La carne y el ganado son los componentes de mayor preocupación, dado su potencial de crear problemas de salud animal y/o humana así como también el posible impacto económico de enfermedades tales como encefalopatía spongiforme bovina (ESB), la fiebre aftosa, ántrax, tuberculosis y brucelosis.

En los Estados Unidos actualmente no existe un sistema de seguimiento del ganado desde su punto de origen, granjas o ranchos, hasta que llega al mercado final de la carne. Esta deficiencia en el seguimiento del ganado se extiende a las miles de cabezas en pie que anualmente se importan a los Estados Unidos desde México. Mientras los registros de importación son mantenidos por el Departamento de Agricultura de los Estados Unidos (el Servicio de Inspección de Salud Vegetal y Animal) localizados en varios puntos a lo largo de la frontera con México, no existe una base de dato formal o algún tipo de análisis de esta información. Solo en caso de sospecha que haya ocurrido una infección causada por tuberculosis o brucelosis, se lleva a cabo una revisión minuciosa e individual de cada registro.

En los últimos años, cerca de un millón anuales de cabezas de ganado en pie han entrado a los Estados Unidos provenientes de México a través de los 10 puertos fronterizos en Arizona, Nuevo México y Texas. El ganado importado se encuentra en un rango de 135 a 227 kg de peso y es destinado a pastoreo y corrales de engorda, y finalmente al mercado de carne en los Estados Unidos. Este ganado es originario primordialmente de los estados del norte de México: Chihuahua, Coahuila, Durango, Nuevo León, Sonora y Tamaulipas.

Aproximadamente el 25% del ganado que se importa de México hacia los Estados Unidos entra por el puerto fronterizo de Santa Teresa, Nuevo México. El puerto fronterizo de Santa Teresa está localizado a unos pocos kilómetros de El Paso, Texas; exactamente al otro lado del puerto internacional de la contraparte mexicana conocida como San Jerónimo. Ambas instalaciones, Santa Teresa y San Jerónimo, son propiedad de La Unión Ganadera Regional de Chihuahua y son operadas por esta misma organización.

El ganado mexicano pasa aproximadamente entre 24 y 48 horas en las instalaciones de Santa Teresa-San Jerónimo. Este ganado es alimentado, hidratado e inspeccionado por oficiales federales de ambos países. Los veterinarios del Departamento de Agricultura de los Estados Unidos trabajan en el lado mexicano realizando inspecciones visuales y manuales, y se encargan de verificar las castraciones. Posteriormente los animales son enviados a través de un baño de inmersión en insecticida, el cual tiene una longitud de 20 metros. El ganado cruza la frontera internacional caminando, luego es embarcado rápidamente en jaulas para ser transportado hacia diferentes puntos en los Estados Unidos.

Algunos registros sobre el ganado proveniente de México se conservan, pero ninguno contiene la información necesaria para conducir un análisis del movimiento de ganado de México hacia los Estado Unidos. Los certificados zoosanitarios requeridos por el gobierno federal mexicano para la exportación de ganado contienen información acerca de su municipio de origen. El Departamento de Agricultura de los Estados Unidos conserva copias de estos certificados.
Sin embargo estos documentos no están disponibles para realizar investigación debido a que las agencias del gobierno prefieren mantener la información sobre éstas transacciones de importación y exportación en privado. Copias de estos documentos solo se conservan en caso de que el

Departamento de Agricultura los necesite para revisar en caso de un animal enfermo (principalmente el tuberculosis). El personal administrativo del puerto de Santa Teresa conserva la documentación de cada jaula ganadera que deja el puerto fronterizo, pero ésta información también es confidencial. El inspector de embarque del ganado del estado de Nuevo México (el New Mexico Livestock Board), localizado en Santa Teresa, también examina los animales importados, sus documentos y certificados de inspección estatal, los cuales contienen información sobre la persona que está a cargo de los animales.

Un seguimiento parecido se lleva a cabo en el puerto fronterizo de Columbus, Nuevo México.

Además éstas prácticas no se llevan a cabo en ninguno de los otros estados por dónde el ganado mexicano también se importa. Así mismo, actualmente no existe registro alguno acerca del destino final del ganado mexicano. De la misma forma, estos registros tampoco son reportados o registrados a ninguna autoridad federal estadounidense.

Aplicación de sistemas de información geográfica

Un reciente proyecto de investigación utilizó métodos de sistemas de información geográfica (SIG) con el propósito de generar información adicional sobre el comercio y movimiento del ganado de Santa Teresa, Nuevo México dentro de los Estados Unidos. Dicho proyecto identificó problemas de obtención de datos y en el proceso de seguimiento del ganado. El proyecto se utilizó tres fuentes de datos crudos sobre ganado a través de Santa Teresa – San Jerónimo. El personal administrativo de la Unión Ganadera Regional de Chihuahua en Santa Teresa, Nuevo México, facilitó copias de comprobantes de flete por 12 meses (aproximadamente 4,000 registros). El New Mexico Livestock Board proporcionó copias de más de 2,200 certificados de inspección, y 900 copias de certificados zoosanitarios del gobierno federal mexicano fueron hechos disponibles por funcionarios de la Unión Ganadera Regional de Chihuahua. Estos datos fueron digitados en una base de datos en Microsoft Access® y posteriormente exportados a ArcView® . Luego los datos fueron referenciados por ubicación geográfica (estados y condados) en los Estado Unidos y por municipio en México.

El certificado de inspección del ganado embarcado desde Nuevo México y el certificado federal zoosanitario mexicano pueden relacionarse mediante los números de identificación de la prueba de tuberculosis. Los comprobantes de flete de Santa Teresa no pueden relacionarse con ninguna otra información.

Los resultados de la investigación se presentan en las figuras 1 a 5. La figura 1 presenta el origen, por municipio del ganado que es importado por el puerto fronterizo de Santa Teresa, de los estados de Chihuahua y Durango. Esta información fue obtenida de los certificados zoosanitarios mexicanos. Dichos certificados registran muchos animales originarios de municipios que en realidad son grandes ciudades como Juárez y Chihuahua. Esto se debe a que los dueños del ganado residen o tienen oficinas en dichas ciudades pero su actividad ganadera se realiza en ranchos fuera de la ciudad.

Las figuras muestran los estados y condados hacia donde se transporta el ganado según los comprobantes de flete de la Unión Ganadera Regional de Chihuahua. Las figuras 4 y 5 muestran los condados y estados de destino del ganado de acuerdo a información obtenida de los registros de embarque del New Mexico Livestock Board. Usando la misma información de la prueba de tuberculosis, un 58% de los certificados zoosanitarios mexicanos pueden ser relacionados con los registros de embarque de ganado del estado de Nuevo México. Los datos analizados en este caso cubren el año de mercado, empezando en Agosto de 2000 y terminando en Julio de 2001, pero no incluyen el 100% del ganado mexicano que entró a través del puerto fronterizo de Santa Teresa.

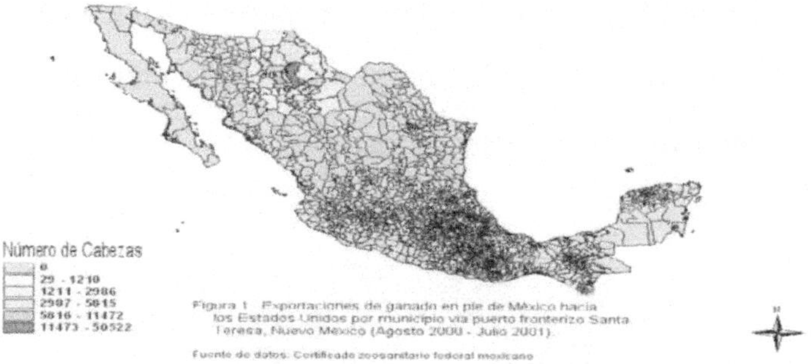

Figura 1. Exportaciones de ganado en pie de México hacia los Estados Unidos por municipio vía puerto fronterizo Santa Teresa, Nuevo Mexico (Agosto 2000 - Julio 2001).

Fuente de datos: Certificado zoosanitario federal mexicano

Las figuras 2-5 muestran a Texas y Nuevo México como el destino de la gran mayoría del ganado que se importa. El movimiento de estos animales hacia el estado de Texas es lógico, debido la gran cantidad de corrales de engorde en Texas. Los resultados del estado de Nuevo México reflejan el hecho de que los registros usados en el análisis de SIG solo muestran el primer destino de los animales importados. Los comerciantes en el área de Santa Teresa, Nuevo México, subsecuentemente transportan el ganado a lo largo de los Estados Unidos, pero esta información no puede obtenerse de los registros de importación. El ganado deportivo importado por algunos comerciantes en Santa Teresa, se cree es extensivamente distribuido a lo largo de los Estados Unidos, pero los registros de importación actuales no se distinguen entre ganado deportivo y otro tipo de ganado.

Figura 2. Condados de destino para el ganado en pie importado de Mèxico vìa puerto fronterizo Santa Teresa, Nuevo Mèxico (Agosto 2000 - Julio 2001).

Fuente de datos: Comprobantes de flete expedidos por la Unión Ganadera Regional de Chihuahua.

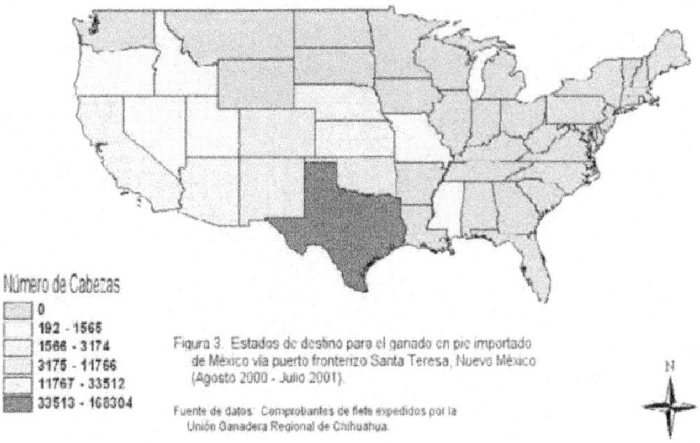

Figura 3. Estados de destino para el ganado en pie importado de México vía puerto fronterizo Santa Teresa, Nuevo México (Agosto 2000 - Julio 2001).

Fuente de datos: Comprobantes de flete expedidos por la Unión Ganadera Regional de Chihuahua.

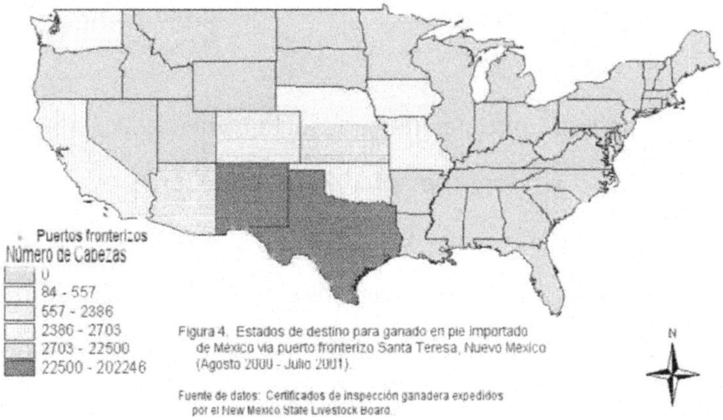

Figura 4. Estados de destino para ganado en pie importado de México vía puerto fronterizo Santa Teresa, Nuevo México (Agosto 2000 - Julio 2001).

Fuente de datos: Certificados de inspección ganadera expedidos por el New Mexico State Livestock Board.

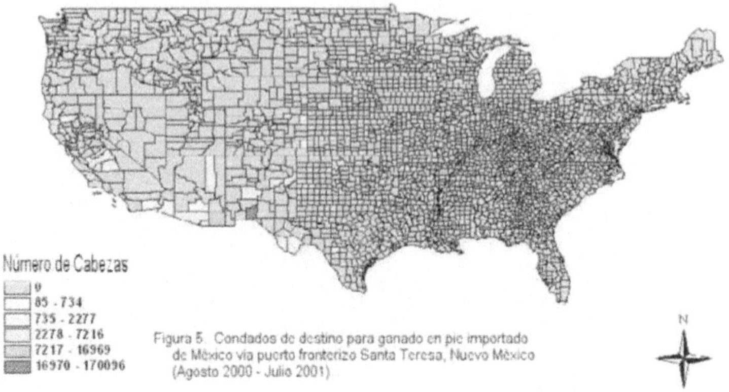

Figura 5. Condados de destino para ganado en pie importado de México vía puerto fronterizo Santa Teresa, Nuevo México (Agosto 2000 - Julio 2001)

Fuente de datos: Certificados de inspección ganadera expedidos por el New Mexico State Livestock Board

"Análisis de los procesos de exportación de ganado bovino en México"

Dentro de las actividades más importantes de la ganadería mexicana se ubica la exportación de ganado bovino mexicano, principalmente a los Estados Unidos.

Específicamente, dentro de las líneas de acción de dicha estrategia se señala que se deberá:

• Proporcionar información de los mercados nacionales e internacionales y elaborar estudios específicos que faciliten a los productores aprovechar sus ventajas competitivas, reducir sus costos de transacción y facilitar la formulación de sus proyectos.

El Censo Agropecuario 2013 contabilizó 1,131,272 Unidades de Producción (UPP) que cuentan con ganado bovino. Sin embargo, solamente 243,983 de estas UPP se dedican a la venta de ganado bovino (22.1%). La cifra de UPP dedicadas a la exportación es aún menor. De acuerdo con información del Censo Agropecuario 2007 existen 1,732 unidades de producción con vocación pecuaria dedicadas a la exportación de ganado bovino, principalmente a los Estados Unidos de América. El 35.5% de las mismas se concentra en el Estado de Chihuahua, seguido de Sonora (17.2%) y Coahuila (13.0%), Durango (6.4%) y Tamaulipas (6%).

Las instancias públicas que intervienen en el sector no cuentan en la actualidad con un instrumento de información que les permita conocer cuáles son las condiciones operativas de la cadena de exportación de becerros, que les sirva como apoyo en la formulación de políticas públicas adecuadas para atacar su problemática. De aquí se deriva el primer elemento para proponer la realización de un estudio diagnóstico de las condiciones operativas de la actividad exportadora de becerros en México, así como de los costos generales asociados al desarrollo de dicha actividad, incluyendo la logística necesaria.

La actividad exportadora es compleja, pues involucra aspectos sanitarios, de identificación y rastreabilidad, de comercialización e incluso meramente administrativos que han favorecido la concentración de la actividad en un número relativamente pequeño de intermediarios, acopiadores y organizaciones que por una parte simplifican los procesos, y al mismo tiempo ejercen un importante nivel de control el mercado al tener el contacto directo con los "brokers" y comercializadores norteamericanos. Todos estos procesos implican costos económicos y de oportunidad que hasta ahora no se tienen cuantificados en conjunto por parte del Gobierno Federal. Por otra parte, en años recientes los procedimientos de exportación se han visto modificados principalmente en respuesta a las preocupaciones sanitarias de ambos países. Asimismo, las cuestiones de rastreabilidad del ganado han hecho que las autoridades de México y los Estados Unidos de América (EUA) instrumenten medidas destinadas a atacar este problema.

En virtud de que la exportación de ganado de México para desarrollo, engorda y abasto se hace de manera prioritaria (casi específica) a los EUA, es necesario hacer referencia inicial a las condiciones y/o restricciones que establece el gobierno de los EUA, enfocadas de manera principal al problema de la Tuberculosis Bovina (TB); enfermedad que dicho país ha tratado de erradicar desde hace aproximadamente 100 años.

El Plan Estratégico para reducir el riesgo de la importación de ganado proveniente de México infectado por tuberculosis para el periodo 2008-2014, establecido por los EUA a través del UDA-APHIS, es muy delicado para nuestro país y requiere de una planeación y dirección que de manera urgente implemente un programa de choque ("task force") con fondeo adicional objetivos, metas y fechas límites; nuevas regulaciones, más epidemiólogos a nivel nacional y regional y un sinnúmero de acciones con el personal para formar equipos de revisión permanentes.

A lo anterior, lo podemos denominar "condiciones del comprador" que se deben cumplir con el fin de seguir exportando nuestros becerros en pie. De acuerdo con especialistas en Salud Animal de nuestro país, el status sanitario es el talón de Aquiles en nuestro programa de exportación. La certificación de origen del ganado para exportación adolece en la mayoría de los casos de serias deficiencias y por lo mismo, la rastreabilidad de los casos positivos que se detectan en las plantas de sacrificio de los EUA, con mucha frecuencia es imposible realizarla, lo que está llevando a un cierre paulatino de este mercado.

Es urgente promover la estandarización del Sistema Nacional de Identificación Individual de Ganado (SINIIGA), con un auténtico registro nacional y con información abierta y expedita; lo anterior con la intención de evitar que ganado de otros orígenes mal probado o no probado se introduzca en aquel país con las graves consecuencias para México y su ganadería como la pérdida de confianza.

El análisis-diagnóstico debe mostrar las condiciones en que operan los productores, los costos implícitos de los procesos de exportación y cuál es la importancia que tiene esta actividad dentro de la ganadería. Se requiere conocer al detalle el proceso de exportación de ganado en pie a los EUA identificando orígenes y destinos, evolución del mercado, así como identificar a los principales agentes económicos y las cuestiones logísticas que intervienen en el proceso, de uno y otro lado de la frontera. Todos ellos son elementos necesarios para ayudar a que los funcionarios públicos diseñen e instrumenten políticas públicas que permitan atender la problemática que enfrenta el sector, especialmente ante la necesidad de reducir costos de transacción para exportadores a través de mejorar la eficiencia de operación y cooperación de las distintas instancias gubernamentales.

Objetivo General

Realizar un diagnóstico de las condiciones de exportación de ganado bovino de México hacia los EUA y los principales mercados de exportación, que permita a los tomadores de decisiones públicas contar con instrumentos de información adecuados para diseñar, instrumentar y ejecutar políticas públicas congruentes con las necesidades del sector y del país.

Objetivos específicos

Dado el objetivo general de esta evaluación, los objetivos específicos a lograr son los siguientes: Analizar los procesos e identificar la problemática de la actividad exportadora de ganado bovino de México hacia los EUA en sus distintas etapas, desde la generación y movilización en los estados hasta la salida del ganado a EUA. Identificar los principales costos económicos e implícitos de la actividad exportadora de ganado bovino, a partir del transporte y movilización del ganado hasta su exportación a los EUA.

3. Enfoque del Estudio

El enfoque general del estudio estará definido por los siguientes elementos:

El becerro de exportación es la referencia principal para el establecimiento de los precios del ganado en pie, incluso del destinado al consumo nacional y por lo tanto afecta a toda la ganadería del país, no sólo a los de exportación. Los exportadores mexicanos venden su producción de becerros a los EUA. Cuando la demanda de ganado en pie en EUA se contrae, se incrementa la comercialización y engorda de ganado en México y se presiona el nivel de precios del ganado nacional. Sin embargo esta sobreoferta no necesariamente se traduce en un menor costo al consumidor, dados los esquemas de comercialización y matanza que prevalecen en el país.

Se deberá analizar el proceso de exportación, desde los criadores en el territorio nacional, hasta el sacrificio en los EUA y analizar las diferencias en los sistemas de operación entre México y EUA considerando la existencia de mecanismos de clasificación de ganado descubrimiento de precios (Subastas) que se trasladan de una u otra forma al ganado en origen mexicano.

Identificar los principales costos en que incurre un exportador desde las regiones generadoras de ganado más importantes de México, con el fin de proporcionar elementos para el conocimiento de las bases de comercialización de ganado bovino en México.

Análisis FODA en el ámbito de exportación de becerro Chihuahuense hacia los E.U.A.

INTERNO

• Fortaleza: La calidad de nuestro ganado puede redituar ganancias cuantiosas si produce animales que suple la demanda del mercado.

Principales fortalezas para la industria ganadera en el estado de Chihuahua

Fortalezas	# Encuestados	% Encuestados
Calidad genética del ganado	88	61.54%
Exportaciones del ganado como fuente de ingreso	73	51.05%
Grandes extensiones de terreno ganadero	71	49.65%
Integración de la agricultura con la ganadería	30	20.98%
Alto valor forrajero de las especies nativas del estado	12	8.39%
Programas gubernamentales de fomento al sector ganadero	8	5.59%
Disponibilidad de tecnología en las áreas de la producción animal	3	2.10%

• Debilidades: no en todos los municipios del estado de Chihuahua está permitido la exportación de ganado.

Principales debilidades para la industria ganadera en el estado de Chihuahua

Debilidades	# Encuestados	% Encuestados
Problema de sobre pastoreo	91	63.64%
Falta de rentabilidad	53	37.06%
Resistencia de los productores a la adopción de tecnología	29	20.28%
Mercado de exportación cautivo	28	19.58%

EXTERNO

• Oportunidades: la demanda del mercado por el ganado bovino

Principales oportunidades para la industria ganadera en el estado de Chihuahua

Oportunidades	# Encuestados	% Encuestados
Ubicación geográfica	115	80.42%
Posibilidad de diversificar la producción	48	33.57%
Venta de pie de cría a otros estados	41	28.67%

• Amenazas: enfermedades, crisis, restricciones, baja en el consumo, competencia, diplomacia, relaciones internacionales, etc.

Principales amenazas para la industria ganadera en el estado de Chihuahua

Amenazas	# Encuestados	% Encuestados
Cierre de la frontera	107	74.83%
Sequías recurrentes	97	67.83%
Altos costos en los insumos	36	25.17%

Motivos de interés:

• Heladas en EE.UU. ocasionaron el alza de precios en carne bovina y seguirán escalando según fuentes del departamento de agricultura de EE.UU.

• Chihuahua capital, Buenaventura, Casas Grandes, Namiquipa, Ahumada y Ascensión municipios de Chihuahua cuentan con gran cantidad de ganado bovino

Documentación Necesaria para la exportación de ganado expedido por SAGARPA.

1. Certificado Zoosanitario
2. Constancia de tratamiento Garrapaticida
3. Certificado de Origen
4. Prueba Vigente de Tuberculosis
5. Identificación con arete metálico azul
6. Marcado a fuego en la palomilla derecha con letra "M"
7. Becerros machos castrados
8. Herrados de Origen
9. Procedentes de un hato con prueba de Tuberculosis
10. Libres de heridas frescas
11. Libres de ectoparásitos

El estado de Chihuahua mantiene el primer lugar a nivel nacional en la exportación de ganado bovino con más de 400 mil cabezas por año, movimiento que genera una derrama de 2 mil millones de pesos por temporada.

Actualmente la ganadería chihuahuense está en su mejor momento, pues se han logrado máximos históricos en cuanto a precio y volúmenes de exportación, para lograr mejoras en la calidad del ganado chihuahuense han trabajado de manera conjunta el gobierno del estado y los productores del ramo en acciones de sanidad, mejoramiento genético y equipamiento, así como en mejorar la infraestructura para la crianza de ganado.

Relación Cd Juárez El Paso

Esteban Cabrera Núñez

Introducción.

Desde hace varios años la actividad comercial que maneja el sitio geográfico denominado como la frontera más importante del mundo ha sido importante para la economía internacional. Este punto es conocido como las ciudades gemelas económicas más importantes de Norteamérica. Además como uno de los lugares más movilizados para introducir narcóticos, es también una de las fronteras duras en cuanto a inspección.

Se analizaran las relaciones que tienen estas dos ciudades fronterizas. Este documento invitara al lector a que analice las diferentes cuestiones económicas, Políticas y Migratorias que se aprecian en estos nuevos años. La construcción de la frontera moderna coincide con dos procesos de cada uno de los países. Estados Unidos se encuentra en estos momentos con un nuevo proceso de protección en seguridad nacional, en cuanto a las fronteras se refiere, y México pasa en estos momentos por un cambio político-nacional al término del mandato presidencial a cargo del partido Acción Nacional y cambios en la estructura social interna.

Para ambos países la frontera se convirtió en un proceso de protección económica y movilización de masas, por lo mismo, cabe incluir la inmigración descontrolada dando más relevancia del lado mexicano. Para México y Chihuahua, la frontera vestida por personas norteñas de origen representativo, con capital para invertir, da lugar a diferentes circunstancias económicas importantes.

Por el lado de Estado Unidos, El Paso, Texas se ha ido convirtiendo en una imagen representativa en cuanto a seguridad y protección imperialista. El Paso – Juárez ha sido el escenario de diferentes cambios estructurales llevados principalmente por los nuevos cambios de gobierno ejercidos a nivel nacional.

Relación Cd. Juárez, Chihuahua y El Paso, Texas. Efectos Económicos, Políticos y Migración Irregular.

A través de los años estas dos ciudades se han visto inmiscuidas en muchos temas, tanto comerciales como políticos. La verdad es que a pesar de ser ciudades de países muy diferentes, ambas buscan tener las relaciones cercanas ya que por muchos años estas mismas se descuidaron y a lo único que llevaban era a acuerdos olvidadizos o indiferentes. Con el pasar de las administraciones de ambos lados del rio bravo se han logrado avances, no óbstate hay acuerdos inconclusos. La realidad es que para poder tener el control y la jerarquía de las decisiones entre dos o más participantes, se debe ser el más poderoso o pertenecer a un lugar donde la balanza siempre este de un lado. Esto es lo que sucede con la ciudad de El Paso, Texas ya que pertenece a los Estados Unidos de Norteamérica.

Siempre se ha sabido que Estados Unidos ha tenido el control de México, es por ello que aun pasando los años México sigue cediendo ante las órdenes de este poderoso mundial. "*El Paso, Texas es el patio trasero de Estados Unidos, ¿que será Ciudad Juárez de Estados Unidos?*" así lo menciono el Maestro René González de la Facultad de Ciencias Políticas y Sociales de la Universidad Autónoma de Chihuahua. La verdad es que a pesar de que son dos ciudades que buscan intereses económicos, tratan de solucionar sus problemas conjuntamente, tanto de migración, y política exterior, pero la realidad es que tanto El Paso, Texas no quiere ceder y Ciudad Juárez, Chihuahua no quiere perder.

Problemas de seguridad internacional las relacionaba como una frontera descuidada y peligrosa. Asesinatos de consulares estadounidenses en tierras mexicanas ponía al borde del precipicio las relaciones internacionales, asesinatos de ciudadanos mexicanos en las líneas divisorias de ambos países a manos de las patrullas fronterizas (Border Patrol) de Estados Unidos ponía en riesgo el respeto a los derechos humanos de todos los migrantes latinoamericanos y ciudadanos mexicanos.

Con el paso de los años las ciudades violentas se vieron en las inmiscuidas en las problemáticas. El Paso, Texas pedía a sus ciudadanos no visitar Ciudad Juárez y en parte el país, por otro lado Ciudad Juárez, Chihuahua afirmaba que ciudadanos estadounidenses asesinaban en Ciudad Juárez y se regresaban a El Paso, Texas como si no hubiera pasado nada. Eran problemáticas donde se imponían restricciones de acceso más duras, largas filas en los puentes y revisiones a autos sospechosos muy tardadas. Hasta hoy el sistema de vigilancia y seguridad sigue igual que hace años pero el detalle es que la ola de violencia que se veían ha disminuido considerablemente.

Información de Ciudad Juárez

Ciudad Juárez, Chihuahua es una ciudad ubica al norte de México, su situación demográfica la ubican en el desierto con escases áreas verdes y del líquido vital (agua). Tiene una población de 1, 332, 131 mil habitantes (INEGI, 2010). Es de las ciudades más productivas en cuanto a ingreso de mercancías provenientes de Estados Unidos.

Es una ciudad que alberga a ciudadanos de otros estados de la república por el ámbito de la producción de la maquiladora o por otra oferta de trabajo. Aquí mismo se encuentra una gran población indígena, de descendencia Raramuri provenientes de la las áreas templadas y en parte de la sierra del Estado de Chihuahua. Es el lugar de estadía de muchas personas deportadas de Estados Unidos provenientes de muchas partes del continente americano. Es la quinta economía del país, la novena en calidad de vida, el municipio con población más grande al igual que la frontera.

Las aduanas fronterizas en Ciudad Juárez surgieron debido al incremento de contrabando por parte de los estadounidenses atravesando el territorio de Texas. En 1835 se autorizaron las construcciones y de la misma manera se establecieron dos aduanas. Una en La Ciudad de Ojinaga y la otra en Ciudad Juárez.

Con el hecho de que Estados Unidos en 1920 prohibió el licor y la cerveza miles de estadounidenses cruzaban la frontera para encontrar la diversión que Estados Unidos no les dejaba tener. Además de este dato, se sabe de antemano que esta acción hizo que la economía se empezara a movilizar, fue un gran impulso para Ciudad Juárez en esos años. No obstante empezaron a salir las críticas por medio de los norteamericanos, que señalaban a esta parte del país como un lugar sucio e inmoral por el estilo de vida que se estaba propiciando.

El gran salto que dio Ciudad Juárez fue en el tiempo de la Segunda Guerra Mundial. Fue donde mejoro su comercio con El Paso, Texas y en parte con el resto de los estados en Estados Unidos. Todo este comercio enfocándose en la industria local, además de las acciones turísticas que regalaba la ciudad a los extranjeros estadounidenses. Fue hasta los años de 1940-50 cuando se presentaron grandes aumentos de población en Ciudad Juárez, enfocados a la actividad industrial de bienes de consumo o intermedios. Llegando a ser de las mejores a nivel estatal gracias al programa maquilador.

Gracias a las decisiones que tomo el presidente de la República Adolfo López Mateos de reconstruir las ciudades fronterizas aplicándoles infraestructura a ciertas zonas de la ciudades, implementándoles museos y edificios de razón turística. Con ello Ciudad Juárez se vio beneficiada con el Programa PRONAF (Programa Nacional Fronterizo) en cierto punto, ya que este se freno por la economía baja que estaba pasando el país, la ciudad pudo gozar de buenas instalaciones que llevaron a que la economía local se viera inmiscuida en recreaciones para los turistas extranjeros y nacionales. Con el paso del tiempo esas instalaciones se vieron repletas de bares y comodidades para los que deseaban gozar de la estadía en la ciudad.

Este programa estaba enfocado a la necesidad de elevar más el nivel económico de la ciudad, además del ámbito urbano y cultural. México a pesar de ya haberse independizado, de haber pasado una revolución, carecía de una cultura que estuviera unida, esos problemas se vinieron a Ciudad Juárez, la gran amplitud de población que surgió en los años 50's mantenían una sociedad sin valores y en parte desunida. Cada quien protegían sus intereses y no les importaba mantener una relación con todas las personas lo que mantenía una población inestable.

Esos problemas se agrandaban cada vez mas lo que ahora ya no era una simple ciudad donde se podía salir a divertirse sin problema alguno, ahora se estaba transformando en un ciudad que adquiría conocimientos delictivos de otras partes del mundo, nacional o extranjero. Ahora ya no era una ciudad con pocas alarmas, sino que se convirtió en una ciudad de desorden en seguridad.

El PRONAF (Programa Nacional Fronterizo) fue una gran estrategia, con el se quería lograr que pudiera llegara a participar en el consumo estadounidense, que además de que incrementara el turismo hubiera una forma de que permaneciera más tiempo el turismo y derramara más su economía en los bolsillos locales. Todo esto enfocado a que quiera internarse más en el territorio y el país obtuviera altos beneficios.

Con esto mismo lograba hacer que los ciudadanos mexicanos tuvieran una consciencia más propia, que se identificaran mas con el país y que se sirvieran de los extranjeros, haciendo que sus pensamientos fueran más positivos y tuvieran síntomas de grandeza al adquirir el capital extranjero. Todo esto se media de acuerdo pasaban los años en esta ciudad, las decisiones que se llegaban a tomar desde arriba lograban que las personas tuvieran mejor calidad de vida y gozaran de facultades para que ellos también pudieran salir del país y conocer otros lugares.

Como se mencionó anteriormente la industria maquiladora en parte es un gran fuerte de la ciudad. Para Ciudad Juárez la inversión de capital extranjero movilizo a la ciudad, creando nuevos espacios de urbanización, un nuevo sistema social se vio inmiscuido en este tipo de acción empresarial, ya no solo las personas locales eran las que trabajan en este ámbito, sino que miles de personas se vieron atraídas por este movimiento dándole una reputación extrema la ciudad, ya no era solo una ciudad de estadía o de paso, sino que se empezaron a formar grandes sociedades que empezaron a poblar la ciudad, dándole nuevas oportunidades a condiciones laborales de poder tener un seguro y en cierto tiempo adquirir ellos su casa a crédito para poder establecerse en la ciudad. Con el tiempo eso genero un problema, ya que las constructoras abusaron en construir y no midieron el espacio geográfico, algunas construyendo donde no estaba permitido y otras construyendo casas con espacios para una sola persona. Siendo que por lo general un familia se conforma de 4 o 5 integrantes.

El ser una ciudad competitiva a nivel nacional, no solo atrajo a migrantes nacionales sino que atrajo a un sinfín de inmigrantes ilegales a la ciudad, en busca de sus sueños de vivir en un mejor país como Estados Unidos buscaban por donde internarse al vecino país de forma ilegal. Fue así como Ciudad Juárez se vio obligada a recibir a estas personas que en ocasiones cuando eran deportadas regresaban sin ningún capital para sobrevivir. En ocasiones los propios inmigrantes, derrotados por el maltrato estadounidense buscaban como regresar a su país natal, siéndoles muy difícil y terminando por establecerse aquí. Fue así como empezó la ciudad a cargar con problemas que no podía resolver, las condiciones en las que se enfocaba era n crecimiento del capital e inversión, mas no problemas internacionales de deportaciones.

En el año de 1980 fue un gran momento para la industria maquiladora, ya que llego mucho capital extranjero y se empezaron a establecer en la ciudad. Además de que las maquiladoras contaban con todo el apoyo local de prestaciones de servicios para sus establecimientos las velocidades de flujos migratorios fueron muy grandes lo que llevaba a que se tuviera que pensar en un control social. Unos problemas relacionados con este cambio industrial fue el asesinato de mujeres que en su mayoría trabajaban en maquiladoras, conocidas como las "Muertas de Juárez". Hasta la fecha aún se tienen desaparecidas y se han encontrado osamentas en el desierto lo que lleva a que las corporaciones policiacas tengan que movilizarse para encontrar a los culpables, los cuales siguen libres.

La sociedad juarense se estaba formando, los asentamientos ya estaban definidos, en esos tiempos se esperaba que las relaciones con el Paso, Texas estuvieran más que entrelazadas y hubiera un mejor goce de garantías. El problema que se vio a nivel local fue el crecimiento de el Crimen Organizado, no se veía tan peligroso ya que no se requería tanto el dinero sucio en la ciudad, pero en esos tiempo grandes bandas delictivas ya se estaban formando, inmiscuyéndoseles a las corporaciones policías y adueñándose poco a apoco de la ciudad. Los problemas de la ciudad no se presentaron de golpe sino que irían subiendo muy lento de nivel.

Información de El Paso, Texas

El Paso, Texas es una ciudad ubicada al sur de Estados Unidos de Norteamérica, al oeste del estado de Texas. Tiene una población estimada de 672, 538 mil habitantes (United States Census Bureau, 2012). Es catalogada como una de las ciudades más tranquilas de Estados Unidos. Una que comparte relaciones comerciales con Ciudad Juárez. El

Estado de Texas junto con otros estados estadounidenses formo parte del territorio mexicano hasta que fue vendido a Estados Unidos.

En su mayoría se presenta como un estado muy fuerte de raíces patrióticas. A pesar de estar cerca de México, en vez de ser solidario se le conoce como un estado duro para cuestiones de migración. Por lo general presenta los mismos rasgos que el estado de Arizona, cuando este estado ha hecho lo posible por frenar la migración.

El Paso, Texas es conocido por ser un líder en el comercio internacional. La ciudad de El Paso, Texas es reconocida como una de las de mejores en desempeño de Estados Unidos y también una de las ciudades más felices para trabajar, según el gobierno de este país. La Agencia de Protección Ambiental de los Estados Unidos ha honrado con un premio nacional a El Paso, Texas por sus logros en el crecimiento inteligente según su plan general.

La ciudad no sólo es un gran lugar para trabajar, sino para vivir así. "El Paso es la ciudad más segura de Estados Unidos", según CQ Press. El Paso también dispone de una cultura diversa y rica que es claramente un reflejo de su historia y las grandes personas que han llamado la Ciudad, "casa".

El Paso, Texas es también el hogar de Fort Bliss, el de más grande cuartel militar de los Estados Unidos además es una parte vital de la economía de la ciudad, otros pilares de la economía de El Paso, Texas son la Universidad de Texas en El Paso y el Centro Médico de las Américas.

Trato a los Empleados de Ciudad Juárez, Chihuahua y El Paso, Texas.

A pesar de que ambas ciudades hasta el día de hoy siguen creciendo es necesario brindarles el apoyo a todos los trabajadores, es por ello que a pesar que el crecimiento laboral que sigue presentados en Ciudad Juárez, Chihuahua a diferencia de El Paso, Texas, es necesario asegurar a todos aquellos empleados. Muchas de las ocasiones no se puede gozar de este derecho que por ley les pertenece, pero aun así, hay empresas, en este caso extranjeras de la rama maquiladora, que siguen estos hechos al pie de la letra y proporcionan a todos su empleado el goce de estas prestaciones.

Es más claro que del lado de Estados Unidos, en este caso El Paso, Texas son más estrictas las medidas del trabajador. Siempre que se va a contratar a alguien le piden su número de seguro social para que quede registrado y empiecen a juntar sus "puntos" para que al final de su vida laboral puedan gozar de su ahorro y prestaciones por vejes. Por lo general México cuenta con un sistema de salud completo, se atiende a todos sus trabajadores y todas las medicinas que les son recetadas a los miles de trabajadores no tienen precio. Sin embargo son tanto los trabajadores o personas que dependen de atención medica que las citas son muy tardadas.

Del lado mexicano en Ciudad Juárez, para todas aquellas personas que desean entrar al ámbito laboral, en cuestiones de recibir un ingreso semanal o quincenal están sujetos a tener cuidado y estar dependiendo de un seguro social. Para ello, el dueño o patrón de estos mismos tiene la obligación de realizarles este trámite en base a la cantidad de dinero que ganan. Una vez realizado el trámite el empleado podrá gozar de las siguientes prestaciones:

Riesgos de Trabajo

Cuando un asegurado sufra un accidente o enfermedad en ejercicio o con motivo de su trabajo, o bien un accidente al trasladarse directamente de su domicilio al lugar de trabajo o viceversa, de considerarlo necesario el médico del IMSS le expedirá un certificado de incapacidad temporal para el trabajo. (IMSS, Instituto Mexicano del Seguro Social)

Enfermedades y Maternidad

Otorga a los trabajadores afiliados al Instituto Mexicano del Seguro Social (IMSS) prestaciones en especie y en dinero, en caso de enfermedad no profesional o maternidad; asimismo, otorga prestaciones en especie a los familiares de los asegurados, así como a los pensionados y sus familiares. (IMSS, Instituto Mexicano del Seguro Social)

Guardería y Prestaciones Sociales

Se divide en dos ramos: *el ramo de Guarderías y el ramo de Prestaciones Sociales*.

El primero da derecho tanto a las mujeres trabajadoras aseguradas que tienen hijos de entre 45 días y cuatro años de edad, como a los hombres trabajadores asegurados viudos o divorciados que mantienen la custodia de sus hijos de esas edades, a que durante su jornada de trabajo se proporcione a sus hijos el servicio de guardería.

El segundo ramo otorga a trabajadores asegurados, pensionados y sus familiares prestaciones sociales mediante programas de promoción de la salud, impulso y desarrollo de actividades culturales, deportivas y recreativas, capacitación para el trabajo y adiestramiento técnico, centros vacacionales y velatorios, entre otros. (IMSS, Instituto Mexicano del Seguro Social)

Retiro, Cesantía y Vejez

Para el derecho al goce de la pensión por retiro anticipado, el asegurado podrá pensionarse antes de cumplir las edades establecidas por la Ley del Seguro Social, siempre y cuando la pensión que estará obligada la aseguradora a otorgar de por vida al pensionado, sea mayor al 30% de aquella que el Estado garantiza una vez cubierto el seguro de sobrevivencia para sus beneficiarios. (IMSS, Instituto Mexicano del Seguro Social)

Invalidez y Vida

Ofrece prestaciones en dinero y en especie, en caso de que el asegurado se invalide o fallezca a causa de un accidente o una enfermedad no profesionales. El SIV se divide en dos ramos: Invalidez y Vida.

El ramo de Invalidez protege al asegurado de la contingencia de quedar imposibilitado para procurarse una remuneración superior a 50% de su remuneración habitual. Las prestaciones que otorga este ramo son: pensiones temporales, pensiones definitivas (con una pensión mínima garantizada por el Gobierno Federal), asignaciones familiares, ayuda asistencial, y asistencia médica a cargo del Seguro de Enfermedades y Maternidad (SEM).

El ramo de Vida cubre la contingencia de fallecimiento del asegurado; las prestaciones que otorga a los beneficiarios de este son pensiones de viudez, pensiones de orfandad, pensiones de ascendencia, ayuda asistencial, y asistencia médica a cargo del SEM. (IMSS, Instituto Mexicano del Seguro Social).

Por su parte, el seguro social de Estados Unidos, en este caso, los derechos que obtienen los trabajadores son un poco distintos. Gozan de las mismas garantías de protección, pero de acuerdo a que el cuidado a la salud es muy elevado, de precios exuberantes, y no es del todo gratuita, se imponen restricciones y deben de juntar un gran porcentaje de puntos para poder obtener estos derechos indispensables que a futuro les beneficiaran para poder tener una vejes tranquila y asegurada.

Unos de los beneficios que realiza el Seguro social de Estados Unidos serán los presentados a continuación.

Incapacidad

El Seguro Social paga beneficios a personas que no pueden trabajar porque tienen una condición médica que se espera que dure por lo menos un año o resulte en muerte. La ley federal requiere esta definición estricta sobre incapacidad. Mientras algunos programas dan dinero a las personas con una incapacidad parcial o a corto plazo, el Seguro Social no lo hace. (SSA, Social Security)

Planes de Jubilación Privada

Muchas personas también prepararse para la jubilación mediante la creación de un fondo de pensiones privado. Esto es a menudo puesta en marcha con la empresa que se emplean con. Las empresas pueden utilizar un plan de jubilación como una buena beneficio de trabajar para su empresa. Estos planes también se pueden configurar de forma independiente con una empresa privada. (SSA, Social Security)

Medicare

Medicare es el programa de seguro de salud para las personas mayores de 65 años. Ciertas personas menores de 65 años de edad también pueden tener derecho a Medicare, incluso aquellas personas que tienen una incapacidad y las que tengan un fallo renal permanente o esclerosis amiotrofica lateral. (SSA, Social Security)

Beneficios a Sobrevivientes

Para recibir beneficios de Seguro Social como sobreviviente, el trabajador fallecido debió haber ganado la cantidad apropiada de créditos de Seguro Social. Los sobrevivientes deben cumplir los siguientes requisitos:

La viuda o el viudo podrían recibir beneficios completos a la plena edad de jubilación o reducidos tan temprano como a los 50 años de edad.

Una viuda o viudo podría recibir beneficios a cualquier edad si tiene a su cuidado a un niño del trabajador fallecido, quien tiene derecho a beneficios como sobreviviente y quien es menor de 16 años de edad o está incapacitado.

También pueden recibir beneficios los hijos solteros del trabajador fallecido que son menores de 18 años de edad (o 19 años, si asisten a una escuela primaria o secundaria a tiempo completo). Los niños pueden recibir beneficios a cualquier edad si han sufrido una incapacidad antes de cumplir los 22 años de edad y aún continúan incapacitados. (SSA, Social Security)

Los Efectos de la Inmigración y Deportación en Ciudad Juárez, Chihuahua y El Paso, Texas.

La creciente migración de mexicanos a Estados Unidos se ha acelerado muy rápidamente. La realidad de muchas personas por querer atravesar la frontera por una calidad de vida mejor es cada vez mas anhelada. En el efecto por cruzar por desiertos enormes y bajo condiciones de salud inestables termina en muchas de las ocasiones en el fallecimiento de todas aquellas personas.
Según eventos que se conocen por muchas personas que intenta cruzar la frontera piden por un salvamiento de la patrulla fronteriza para que los deporten y no se eleve el sufrimiento y terminen con su propia vida.

Entre los años 1997 y 2007 el flujo de mexicanos que cruzaron hacia Estados Unidos fue de 500, 000 mil mexicanos por año. Pero a partir de la crisis del 2008 este flujo descendió, según Carlos Heredia

Zubieta, basándose en el Censo de Población y Vivienda del 2010.

Además de que México es el origen de migrantes, por este mismo territorio atraviesan 170, 000 centroamericanos provenientes de El Salvador, Honduras y Guatemala con destino hacia Estados Unidos.

La migración masiva de México hacia Estados Unidos, según reportes, comenzó en 1920 y aumento en los años siguientes. Todo gracia s la gran diferencia de salarios entre México y Estados Unidos. Otros de los factores son las oportunidades económicas, acceso al capital, crédito y el financiamiento. También en estos hechos incluyen los empleos estadounidenses y la igualdad ante la ley. (Carlos Heredia Zubieta)

De los estados que presentan más emigración son los estados sureños de Veracruz, Oaxaca y Chiapas a causa de la erosión de la tierra. Por otra parte la emigración del norte del país, como los estados de

Durango, Chihuahua, Baja California, Tamaulipas, Coahuila y Nuevo León dejaron ir hombres de negocios, profesionistas y familias de ingresos medio altos a causa de la inseguridad presentada en los últimos años.

La emigración comenzó cuando los habitantes de varias partes de la república y en ocasiones provenientes de otros países latinoamericanos se percataron que sus estilos de vida eran decadentes o llenos de inseguridad y buscaban cruzar hacia Estados Unidos por una mejor oportunidad de vida, lujos y dinero. Si bien las economías del sur, centro y norte del continente americano son bajas y es por ello que aspiran a estar en un mejor lugar con las personas que en su momento ya tienen una vida hecha en Estados Unidos. En ocasiones estos sueños se han visto trabados por el narcotráfico acelerado en México.

Hasta el día de hoy muchos de estos eventos se han visto más relevantes en el estado de Tamaulipas. Es ese estado las detenciones y aseguramiento de inmigrantes ilegales provenientes de otros países se han visto capturados por personas del crimen organizado y liberados por elementos de la SEDENA.

El problema que ha tenido México en cuanto a los ilegales en su territorio ha ido creciendo. México cuenta con reformas que ayudan a los inmigrantes pero aun así el sistema es tan decadente que en ocasiones a los ilegales centroamericanos se les dejan varados y no son deportados.

El problema de la deportación de Estados Unidos hacia México es cada vez más notorio. Estados Unidos en su afán por sacar a aquellas personas que carecen de papeles que avalen su estancia legal dentro del territorio manda a todas estas personas a territorio mexicano. Por lo general son ciudadanos mexicanos los que llegan a parar en la frontera de Ciudad Juárez, Chihuahua y El Paso, Texas.

Cuando en las deportaciones hay personas nativas del país su movilidad suele ser fácil, si son de estados del centro y sur, pueden llegar a sus hogares sin problema alguno, únicamente lo que se requeriría seria un poco de capital personal, pero cuando en las deportaciones incluyen a personas provenientes de otros países su movilidad se ve truncada por no saber cómo regresar.

Ese es uno de los problemas que enfrenta Ciudad Juárez correspondiente a las deportaciones. En muchas de las ocasiones esas personas se quedan en la frontera, careciendo de todo, no obteniendo un empleo digno y ni un sistema de salud seguro. Estas personas que se van rezagando en la sociedad juarense suelen personas desamparadas y marginadas. Y su única opción es tratar de regresar a una vida que hicieron en Estados Unidos o quedarse en la ciudad.

Este programa de deportaciones ha sido en efecto un gran avance en Estados Unidos pero para

México se ha convertido en un problema. Durante el periodo 2010-primer trimestre de 2013, México repatrió 239 mil 252 migrantes.

Cada año el país gasta más de mil millones de pesos para regresar a los extranjeros a su país de origen, 92 por ciento de los cuales son centroamericanos, informó el Instituto Nacional de Migración (INM).

Un enfoque para dimensionar el gasto en deportaciones es el siguiente: el INM recibió en el 2012, para su operación, 2 mil millones de pesos (incluido el presupuesto autorizado por la Cámara de Diputados y la asignación de recursos precisamente de lo que capta el país por la visita y residencia de extranjeros). Para atender a todo el flujo migratorio irregular, el instituto tiene la colaboración de 156 albergues, distribuidos en el país, para brindar protección a la población extranjera detenida, la cual puede permanecer horas, días o semanas en espera de la resolución de sus casos.

Según un documento del INM, el volumen de tránsito irregular por México es de alrededor de 300 mil personas al año (básicamente centroamericanos), con el objetivo de internarse a Estados Unidos, pero también hay una franja de paisanos que, tras su expulsión de Estados Unidos permanecen cerca de la frontera para intentar cruzar de nuevo, en un contexto de creciente riesgo para migrantes y residentes.

Recluta Crimen a Deportados

La delincuencia organizada está reclutando gente entre los cientos de miles de indocumentados que son deportados cada año sin control de Estados Unidos a México. Al condenar la política migratoria estadounidense, que igual abandona en el País a connacionales que a extranjeros, el Gobierno de Tamaulipas señaló que cuenta con reportes de que las bandas están reforzándose con los expulsados.

Morelos Jaime Canseco, secretario general de Gobierno, explicó que los deportados llegan a las filas de la delincuencia no sólo para realizar actividades ilícitas en México, sino también en la Unión Americana. "Las bandas de delincuentes (buscan) reintroducirlos a la economía estadounidense", aseguró. Canseco advirtió que, en muchos casos, los grupos criminales obligan a los migrantes a unírseles para que realicen las actividades más vulnerables de la organización.

El funcionario subrayó que los deportados también se han convertido en víctimas de la trata de personas. Reforma publicó ayer que, cada año, unos 300, 000 mil extranjeros, muchos con antecedentes penales, son abandonados por EU en Tamaulipas, Coahuila, Chihuahua, Sonora y Baja California, según cifras de la Conferencia Legislativa Fronteriza.

Además, esos estados fronterizos reciben unas 700, 000 mil deportaciones de connacionales al año. Funcionarios y expertos coincidieron en que el desorden migratorio se ha convertido en una carga económica y social para las entidades. Canseco detalló que en Tamaulipas esperan 130 mil expulsados este año, es decir, 30 mil más que en 2010 (Agencia Reforma).

Los 10 Mitos de los Inmigrantes.

1. Los Inmigrantes no Pagan Impuestos

Todos los inmigrantes pagan impuestos: sobre el ingreso, la propiedad, las ventas y otros, tanto federales como estatales y locales. Incluso los migrantes indocumentados pagan impuestos, como testimonian los expedientes del Seguro Social que no tienen correspondencia con nombres o números de registro.

(Fuente: Academia Nacional de Ciencias, Instituto Cato y Administración del Seguro Social.)

2. Los Inmigrantes Viven a Expensas del Bienestar Social

Los inmigrantes representan 11,5% del total de la población del país, pero constituyen 12,4% del total de la fuerza de trabajo. Reciben us$ 240.000 millones en salarios, pagan us$ 90.000 millones de impuestos y utilizan solo US$ 5.000 millones de beneficios públicos. Su pago de impuestos excede con mucho el usufructo de beneficios públicos.

(Fuente: Asociación Estadounidense de Abogados de Inmigración e Instituto Urbano.)

3. Los Inmigrantes Envían Todo su Dinero a su País de Origen

Además de su consumo cotidiano, los inmigrantes y sus empresas contribuyen con más de $162.000 millones de dólares a los gobiernos federales, estatales y locales. De cada $10 dólares que ganan, los migrantes mexicanos envían uno a sus comunidades de origen y gastan nueve en transporte, pagos a intermediarios y manutención. *(Fuente: Instituto Cato y Banco Interamericano de Desarrollo.)*

4. Los Inmigrantes Roban Empleos y Oportunidades a los Estadounidenses

De acuerdo con la Oficina de Estadísticas Laborales (BLS, por sus siglas en inglés), las grandes olas de inmigración a Estados unidos de 1900 a 1989 han coincidido con los periodos de mayor crecimiento y menor desempleo en la economía estadounidense. *(Fuente: Instituto Cato.)*

5. Los Inmigrantes son una Pesada Carga Para La Economía de Estados Unidos

Como ha señalado Alan Greenspan, ex-presidente de la Reserva Federal, 70% de los inmigrantes llegan en una edad de elevada productividad laboral y una vez que su país se hizo cargo de su educación. Sus contribuciones permitirán financiar las pensiones de los trabajadores estadounidenses durante los próximos 20 años.

(Fuente: Academia Nacional de Ciencias, Centro de Estudios del Mercado de Trabajo de la Universidad Northeastern y Junta de la Reserva Federal.)

6. Los Inmigrantes no Quieren Aprender Inglés ni Convertirse en Ciudadanos Estadounidenses

Diez años después de su llegada, 75% de los inmigrantes hablan correctamente el inglés. La demanda de clases de inglés excede en mucho a la oferta. Más de un tercio de los inmigrantes son ciudadanos naturalizados y este porcentaje aumentará significativamente en los próximos años. *(Fuente: Oficina del Censo y Departamento de Seguridad Interna.)*

7. Los Inmigrantes de Hoy son Diferentes de los de Hace Cien Años

El porcentaje de la población estadounidense nacida en el extranjero es hoy de 11,5%; al inicio del siglo XX era de 15%. Cada nueva ola de inmigración ha sido recibida con sospechas y con dudas y, sin embargo, la inmigración ha sido finalmente reivindicada como benéfica para el país. *(Fuente: Oficina del Censo.)*

8. La Mayor Parte de los Inmigrantes Cruza la Frontera de Manera Ilegal

Más de 75% de los inmigrantes cuenta con visas de inmigrantes permanentes; del 25% que son indocumentados, en 40% de los casos se trata de personas que se quedaron en Estados Unidos al término de sus visas de no inmigrante.

(Fuente: Anuario Estadístico del Servicio de Inmigración y Naturalización.)

9. Un Débil Cumplimiento de la Ley En La Frontera ha Llevado Al Incremento de la Inmigración Indocumentada

De 1986 a 1998 el presupuesto de la Patrulla Fronteriza se multiplicó por seis y el número de agentes se duplicó. Ello no redujo la población migrante indocumentada, pues la insuficiencia de caminos para que los inmigrantes entren en Estados Unidos de manera legal ha creado este cuello de botella. *(Fuente: Instituto Cato.)*

10. La Guerra Contra El Terrorismo se Puede Ganar Mediante Mayores Restricciones a la Inmigración

La mayor parte de los atacantes del 11 de septiembre residían en Estados Unidos con visas legales. Las medidas contra los inmigrantes no han resultado en la captura y el procesamiento de un mayor número de terroristas. Las ciudades de Estados Unidos con una población mayor al medio millón de habitantes y ubicadas en estados fronterizos con México, como San Diego, Phoenix, El Paso, San Antonio y Austin, se ubican entre las más seguras del país. *(Fuente: Federación para la Reforma Inmigratoria Americana –Federation for American Immigration*

Reform– y el Consejo de Inmigración Americana – American Inmigration Council–.)

Según los aspectos resaltados de lo anterior, son más las críticas malas que se tienen ante los indocumentados que buenas. La verdad es que de todas las formas que los estadounidenses quieran demostrar que la inmigración es mala, la realidad es que es buena y ayuda a la economía del país. No se tienen las pruebas suficientes de que estén haciendo realmente un mal a Estados Unidos.

Ciudad Juárez, Chihuahua por su parte hace lo posible porque estos movimientos hacia estados Unidos Atravesando por el Paso, Texas sean menos y que a su regreso estén protegidos por las leyes mexicanas y el INM (Instituto Nacional de Migración).

Bibliografía

Ciudad Juárez, Chihuahua, México: Una Frontera con Historia

Berumen, Miguel Ángel. **La Cara del Tiempo, la fotografía en Ciudad Juárez y El Paso (1870-1930).** Berumen y Muñoz Editores, El Paso, Tx., 2003.

Flores Simental, Raúl. AA.VV. **Crónica en el Desierto, Ciudad Juárez de**

1659 a 1970. Junta Municipal de Agua y Saneamiento de Juárez, Cd.
Juárez, 1998.

Sánchez Reyes, Darío Oscar. **Ciudad Juárez: El Legendario Paso del**
Norte, Orígenes. Meridiano107 Editores, Cd. Juárez, 1994.
Santiago, Guadalupe. AA.VV. *La Misión de Guadalupe*. Cuadro x Cuadro
Ediciones, Cd. Juárez, 2004.

Siller, Pedro. AA.VV. **1911: La Batalla de Juárez/ I. La Historia.** Berumen
y Muñoz Editores, El Paso, Tx., 2003.

Carlos Heredia Zubieta. **La migración mexicana y el debate en Estados Unidos:** A la sombra del Tea Party. 2011

Dr. Cutberto Arzate Soltero: Departamento de Humanidades. **Ciudad Juárez antes y después de la maquiladora: Una visión antropológica.**

Javier Sánchez Carlos y René Soto Cavazos. **Competitividad comercial y política fiscal en la zona fronteriza Ciudad Juárez - El Paso, Texas.**

Estudio Comparado sobre la violencia Cd. Juárez – El Paso

Norma Márquez

Introducción

La ausencia de la seguridad ciudadana ha pasado a ser en los últimos tiempos uno de los temas centrales de preocupación de los ciudadanos y por lo tanto, una de las cuestiones a resolver.

El interés de la ciudadanía que hace referencia a la delincuencia ha aumentado enormemente en los últimos años. La seguridad es una condición necesaria para el funcionamiento de la sociedad y uno de los principales criterios para asegurar la calidad de vida.

Las diversas organizaciones locales han sumado esfuerzos, para evidenciar las deficiencias existentes en cuanto a la seguridad, y de esta manera implementar acciones como resultado al "crimen organizado" durante los últimos años. Estas acciones, pueden lograr un impacto positivo o de reducción de las escalas de violencia en la ciudad, ya que como hemos visto un clima de inseguridad sin precedentes entre la ciudadanía.

La aplicación de acciones oportunas en la cual, se señalara algunas acciones que atienden las necesidades y requerimientos de la seguridad ciudadana. Para que en nuestra ciudad y al igual que en nuestro país todos los ciudadanos dejemos de estar atemorizados por la inseguridad, que actualmente corroe nuestras vidas. Ya que al fomentar la cultura de seguridad ciudadana y esta sea atendida por las autoridades y con el apego de instituciones donde se brinde la eficientización de disposiciones legales así como el total respeto y apoyo para tener una mejor percepción de cómo resolver los problemas de inseguridad, ya que al fomentar este tipo implantaciones los resultados serán favorables mediante acciones y cumplimiento de deberes por parte de las autoridades para llevar a cabo una meta. La seguridad ciudadana es una tarea que debe involucrar no sólo a la policía, sino a las autoridades locales, los medios de comunicación y la ciudadanía en general.

Concepto de seguridad, seguridad ciudadana e inseguridad.

El término seguridad posee múltiples usos. A grandes rasgos, puede afirmarse que este concepto que proviene del latín ***securitas*** hace énfasis a la característica de seguro, es decir, realza la propiedad de algo donde no se registran peligros, daños ni riesgos. Es una fuente indispensable de la vida cotidiana, que permite al individuo y a la comunidad realizar sus aspiraciones.

La seguridad ciudadana es la que se entiende, como la necesidad que tiene un individuo el cual convive en una sociedad organizada donde interactúan autoridades para realizar una función de mejora continua asegurando el bienestar del ciudadano.

Según Ibáñez Najar señalo que, la seguridad ciudadana hace relación al mantenimiento del conjunto de condiciones necesarias para garantizar el ejercicio de los derechos y de las libertades públicas para asegurar la convivencia pacífica, o lo que es lo mismo, garantizar que los habitantes de un territorio convivan en paz. ***Ibáñez, Najar, Inseguridad. Perspectivas desde América Latina, México, 2009, p.85.***

De igual forma la Seguridad Ciudadana es una situación social, donde predomina la sensación de confianza, entendiendo como la ausencia de riesgos y daños a la integridad física y psicológica, donde el Estado debe garantizar la vida, la libertad y el patrimonio ciudadano.

Concepto de la inseguridad ciudadana.

La Percepción de inseguridad ciudadana es una sensación de carácter psicológico, vinculada a estar expuesto ante la posibilidad de ser víctima de un acto delincuencial. La Inseguridad es causada principalmente por la delincuencia común, la gente se siente desprotegida, y percibe la delincuencia en constante aumento y como una amenaza para su integridad.

Según Basambrio Carlos, La inseguridad ciudadana se define como el temor a posibles agresiones, asaltos, secuestros, violaciones, de los cuales podemos ser víctimas. ***Basombrio, Carlos. "¿Linchamientos o soluciones?" En: Ideele, N° 176. pp. 51-54***

De manera resumida se señala que ambos conceptos contribuyen de manera directa o indirecta ya que influyen en el pensamiento, acciones y reacciones por parte de la ciudadanía en general y al igual que su grado de percepción ante una problemática sea buena o sea mala.

Los Problemas que afectan la seguridad ciudadana en México.

Los principales problemas que afectan la seguridad ciudadana son:

Crimen Organizado. Este se basa principalmente en el tráfico de drogas, de órganos, secuestros, extorciones, trata de blanca entre etc. Es el principal culpable de la descompensación económica, de la inseguridad pública.

Corrupción. Esta es una causa y consecuencia del crimen organizado, facilita el manejo y tránsito de productos ilegales. De esta manera se involucra a los ciudadanos, de manera que los gobernantes y las autoridades se valen de este medio para tomar ventaja como la llamada" mordida".

Falta de empleo y educación. Es consecuencia de la crisis económica. La provoca el poco apoyo del gobierno a las pequeñas empresas la falta de trabajo e ingresos en las familia juarenses también está ligado directamente a la falta desinteresada por los jóvenes por educación, ya que como podemos ver en estos días muchos de los extorsionadores y secuestradores son muy jóvenes, e incluso niños lamentablemente la falta de valores o aquellas familias desintegradas son la consecuencia de que estos jóvenes y niños se vean involucrados en estos terribles acontecimientos.

Falta de organización para la seguridad de la comunidad, así como también la de lazos de solidaridad entre vecinos, la escasa presencia policial de bueno elementos en las calles.

En la actualidad después de que termino el sexenio de Felipe Calderón y con la entrada de Enrique Peña Nieto a la presidencia las cosas en México siguen igual no se han visto ningún avance en cuento a la seguridad y la violencia y miles de mexicanos no se sienten seguros con el hecho de no ver respuestas positivas en cuanto a este tema.

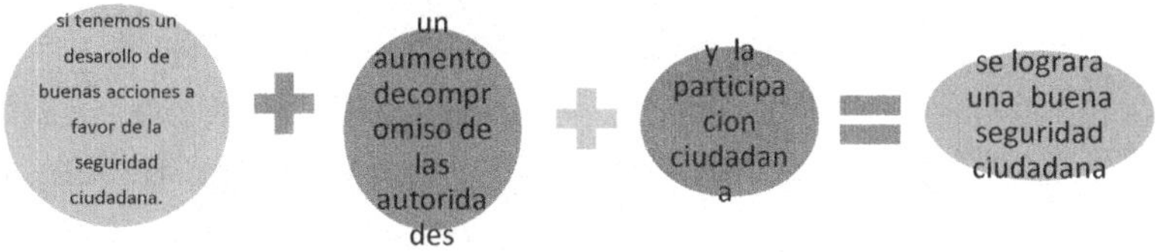

Fuente: ***Elaboración propia.***

México en la actualidad.

El año más violento fue 2010 con 15,273 homicidios, mientras que en 2011 se registraron 12,903 fallecimientos por este concepto.

Fuente: . México Unido Contra la Delincuencia A.C. y Consulta Mitofsky (Marzo 2012*) Decima Encuesta Nacional sobre la percepción de inseguridad ciudadana en México* pág. 3.

Conforme a la información de incidencia delictiva publicada por el Secretariado Ejecutivo del Sistema Nacional de Seguridad Pública, hasta septiembre del 2012 en el país se cometieron 1.2 millones de delitos del fuero común y 99 mil del fuero federal, sumando un total de 1.3 millones de incidentes delictivos.

Durante los seis años, en el país se registraron un total de 11.8 millones de delitos de los cuales 5.8 millones corresponden a los delitos de alto impacto que en términos porcentuales representan el 49.4%, mientras que los delitos contra la salud apenas representaron el 3.4% del total de los delitos cometidos en el país.

Fuente: .México Unido Contra la Delincuencia A.C. y Consulta Mitofsky (Noviembre 2012*) Decima primer Encuesta Nacional sobre la Percepción de Inseguridad Ciudadana en México* pág. 3.

Lo que perjudica el Desarrollo Económico en México con base a la inseguridad ciudadana.

Desde hace tiempo atrás México ha vivido en una constante crisis económica de lo cual ha dejado grandes secuelas en algunos sectores del país y unos de estos son la inseguridad ciudadana ante el desempleo, empleos mal remunerados y pobreza, se ha visto decaer día a día la economía. Según

Néstor. J Méndez quienes se incorporan a las filas de la delincuencia están conscientes que con ello encuentran mejores expectativas de ingresos y bienestar a corto plazo, que en una actividad legal. (Méndez, 2003, p.367, 368)

Sin embargo con un crecimiento económico disminuye los índices de delincuencia aumentando la seguridad de todos los ciudadanos, habría mucho más fuentes de empleo mejor pagados, la pobreza disminuirá considerablemente, aumentaría los niveles de educación ya que esta sería totalmente gratuita con esto como ejemplo más y mejores aulas, equipos tecnológicos, desayunos y comidas gratuitas etc.

Bibliografía: Cf. Méndez González Néstor José. "Problemas Actuales de Seguridad Pública, Procuración y Administración de Justicia". ***Violencia, Política Criminal y Seguridad Pública.*** **Coord. Cesar Oliveira de Barros Leal, Ed. Instituto Nacional de Ciencias Penales, 2003 Pp.367 y 368.**

Legislaciones que reglamenta la seguridad ciudadana.

Nacional

Artículos constitucionales relacionados con la seguridad ciudadana (Constitución de 1917 con reformas hasta 2004)

Ley de Seguridad Nacional (2005)

Ley General de Protección Civil (2001 - con reformas de 2006)

Ley de la Policía Federal Preventiva (1999)

Ley General que establece las Bases de Coordinación del Sistema Nacional de Seguridad Pública (1995)

Ley de Amnestia (1994)

Ley para el Tratamiento de Menores Infractores, para el Distrito Federal en Materia Común y para toda la República en Materia Federal (1991)

Ley para la Protección de los Derechos de Niñas, Niños y Adolescentes (2000)

Ley para Prevenir y Sancionar la Trata de Personas (2007)

Ley Federal de Armas de Fuego y Explosivos (1972 - con reformas de 2004)

Ley de Extradición Internacional (1975 - con reformas de 1999)

Ley Federal contra la Delincuencia Organizada (1996 - con reformas de 2007)

Ley Federal para prevenir y sancionar la tortura (1991 - con reformas de 1994)

Ley Federal de Seguridad Privada (2006)

Ley General de Acceso de las Mujeres a una Vida Libre de Violencia (2007)

Ley Federal de Defensoría Pública (1998)

Código Penal Federal (1931 - con reformas de 2007)

Código Federal de Procedimientos Penales (1934 - incluye reformas de 2007)

Ley Orgánica de la Administración Pública Federal (1976 - con reformas de 2007)

Ley Orgánica de la Armada de México (2002)

Ley Orgánica del Ejército y la Fuerza Aérea Mexicanos (1986 - con reformas de 1998)

Ley Orgánica de la Procuraduría General de la República (2002)

Estado de Chihuahua

Constitución del Estado de Chihuahua

Ley 1030 de 1998 sobre el Sistema Estatal de Seguridad Pública - POE 2005.01.19/N°6

Ley de Atención y protección a víctimas y ofendidos del delito del Estado de Chihuahua (2006)

Ley de Ejecución de Penas y Medidas de Seguridad del Estado de Chihuahua

Código Penal del Estado de Chihuahua

Código de Procedimientos Penales del Estado de Chihuahua (2006)

Ley de Justicia Especial para Adolescentes Infractores del Estado de Chihuahua

Ley de Justicia Penal Alternativa del Estado de Chihuahua

Ley Estatal de Derecho de las Mujeres a una Vida Libre de Violencia (2007)

(Political Database of the Americans, 2008)

Bibliografía: Political Database of the Américas. (2008). *Legislaciones que reglamentan la seguridad ciudadana.* Recuperado el 15 de marzo 2013 de http://pdba.georgetown.edu/Security/citizensecurity/mexico/mexico_2.html

Instituciones encargadas de la seguridad ciudadana.

Nacional

Secretaría de Seguridad Pública: es una administración pública federal la cual tiene como objeto preservar la libertad el orden y la paz pública así como salvaguardar la integridad de los derechos de las personas previniendo la condición de delitos administrando el sistema penitenciario de la política criminal. (SSP, 2000)

Bibliografía: Secretaria de Seguridad Pública. (2000). *Objetivos de SSP.* Recuperado el 10 de marzo 2013 de http: // www.SSP.gob.mx.

Secretariado Ejecutivo del Sistema Nacional de Seguridad Pública: Es el organismo que sienta bases de coordinación en materia de seguridad

pública entre la federación los estados, el distrito federal y los municipios., sus funciones son: formular y evaluar las políticas y estrategias en materia de seguridad pública, proponer y evaluar el programa nacional de seguridad pública y de más instrumentos programáticos en la materia, regular procedimientos de selección, ingreso, formación, capacitación,. Permanencia, evaluación, certificación y registro de servidores públicos de instituciones de seguridad pública. (SNSO, 2010)
Bibliografía: Secretariado Ejecutivo del Sistema Nacional de Seguridad Pública. (2010). *Que es el SNSP?* Recuperado el 10 de marzo 2013 de http:// www.portal.secretariadoejecutivosnsp.gob.mx.

Sistema Nacional de Información sobre Seguridad Publica: es el encargado de diseñar y desarrollar métodos para registro nacional de personal así como de armamento y equipo. Estadísticas de seguridad e información de apoyo a la procuradora de justicia y servicio de atención a la ciudadanía. (SE SNSP, 2010)

Bibliografía: sistema Nacional de Información sobre Seguridad Publica. (2010). *Atribuciones del centro nacional de información.* Recuperado 10 de marzo 2013 de http:// www.portal.secretariadoejecutivosnsp.gob.mx.

Academia Nacional de Seguridad Pública: Se encarga de la estructura, funcionarios de la normativa interna donde se incluye vínculos de acceso para información de los empleados del gobierno también recibe recursos para capacitación de los elementos de seguridad. (Political Database of the Americas, 2007)

Bibliografía: Political Database of the Americas. (2007). *Academia Nacional de Seguridad Publica.* Recuperado el 12 de marzo 2013 de http://pdba.georgetown.edu/Security/citizensecurity/mexico/intituciones/academicanacional.html.

Instituto Federal de Defensoría Pública: Es un órgano del poder judicial de la federación y del consejo de la juridicatura federal creado para brindar a la sociedad de manera gratuita la defensa en materia penal y el acceso a la justicia mediante la

orientación accesoria y representación jurídica en la materia administrativa fiscal y civil. (IFDP, 2008)
Bibliografía: Instituto Federal de Defensoría Pública. (2008) *Que es el instituto federal de defensoría Pública?* Recuperado el 12 de marzo 2013 de http://www.ifdp.cjf.gob.mx.

Procuraduría General de la República (PGR): Es el órgano del poder ejecutivo federal en México que se encarga principalmente de investigar y perseguir los delitos del orden federal quien preside al ministerio público de la federación y sus órganos auxiliares que son la policía investigadora y los peritos investigadores. (PGR, 2010)
Bibliografía: procuraduría general de la república. (2010). *Misión y visión.* Recuperado el 12 de marzo 2013 de http://www.pgr.gob.mx.

Centro de Investigación y Seguridad Nacional (CISEN): Es un órgano de inteligencia civil al servicio del estado mexicano cuyo propósito es generar inteligencia estratégica, táctica y operativa que permita preservar la integridad, estabilidad y permanencia del estado mexicano. Alertar y proponer medidas de prevención, disuasión, contención, y neutralización de riesgos y amenazas que pretendan vulnerar el territorio mexicano. (CISEN, 2012)

Bibliografía: Centro de Investigación y Seguridad Nacional. (2012). *Que es el CISEN?* Recuperado el 12 marzo 2013 de http://www.cisen.gob.mx.

Clasificación de los daños causados por la inseguridad.

Estas clasificaciones que se mencionan a continuación son para tener un mejor panorama de cuáles son las consecuencias de la inseguridad según mi percepción.

Daños humanos

Entre los daños humanos están la Vida, integridad física, autonomía sexual, libertad personal, traumatismo de la víctima y de sus allegados.

Costos económicos directos

Para las víctimas potenciales (primas de seguros y otros gastos en seguridad privada).

Para la víctima o sus allegados (gastos médicos e ingreso perdido por el daño o daños).

Para el delincuente (ingreso perdido por estar en la cárcel).

Para el Estado (costos de salud y costos del sistema de seguridad y justicia).

Daños o costos económicos indirectos

Menor productividad laboral (incapacidad, ausentismo, emigración).

Menos ahorro (y fuga de capitales).

Menos recaudo fiscal y mala asignación del gasto público.

Daños sociales

Pérdida de confianza, credibilidad, y disminución del "capital social".

Daños políticos

Los daños políticos esta la pérdida de confianza en las instituciones ya que esta se pierde totalmente por la incapacidad de hacer bien las cosas.

Desconfianza en el estado de derecho.

Es claro que, los delitos contra las personas o contra el patrimonio tienen efectos nocivos para el crecimiento económico (daños económicos) para la integración social (daños sociales) y para la democracia (daños políticos) estos vienen a ser los tres principales motores fundamentales del desarrollo humano.

Organizaciones que contribuyen con la seguridad ciudadana en Cd. Juárez.

Todos somos Juárez.

El Gobierno Federal lanzó el 17 de febrero de 2010 la Estrategia *Todos Somos Juárez, Reconstruyamos la Ciudad* en respuesta al círculo vicioso de violencia que enfrentaba Ciudad Juárez.

La Estrategia *Todos Somos Juárez, Reconstruyamos la Ciudad*, es un programa de acción integral del Gobierno Federal con la participación del Gobierno del Estado de Chihuahua, el Gobierno Municipal de Ciudad Juárez y la sociedad juarense. La Estrategia responde a la difícil y compleja situación que enfrenta Ciudad Juárez e incluye 160 acciones concretas que se realizarán en 2010 para disminuir la inseguridad y mejorar la calidad de vida de los habitantes de la ciudad.

Para poder rendirle cuentas a la ciudadanía, el Gobierno Federal se impuso metas concretas a los 100 primeros días de *Todos Somos Juárez* para cada uno de los 160 compromisos. A continuación se presentan, agrupados, el avance de cada uno de los 12 compromisos, en cuanto al a seguridad. De esta manera los tres órdenes de gobierno y la ciudadanía deben de continuar trabajando para seguir mejorando la calidad de vida de los juarenses.

Compromiso No. 1

Ajustar los sistemas de denuncia (089) y emergencias (066) en el Centro de Emergencia y Reacción Inmediata (CERI) para optimizar los tiempos de respuesta y consolidar la confianza de los ciudadanos en estos mecanismos.

Compromiso No. 2

Atender y combatir integralmente el secuestro, la extorsión y el cobro de piso para disminuir la incidencia de estos delitos e incrementar la eficacia en los que son atendidos.

Compromiso No. 3

Combatir el lavado de dinero para desarticular redes de financiamiento del crimen organizado, contando con la participación ciudadana para la denuncia.

Compromiso No. 4

Utilizar avances tecnológicos en el proceso de inteligencia para identificar estructuras delictivas.

Compromiso No. 5

Lograr la plena identificación del universo de vehículos que circulan en Juárez e incrementar la recuperación de vehículos con reporte de robo.

Compromiso No. 6

Lograr la plena identificación del universo de vehículos que circulan en Juárez e incrementar la recuperación de vehículos con reporte de robo. Crear corredores seguros que garanticen zonas libres de delito para la movilidad de la población 24 horas al día.

Compromiso No. 7

Revisar los centros de esparcimiento nocturno para garantizar su funcionamiento en cumplimiento de la reglamentación aplicable y aislarlos de la lógica delictiva.

Compromiso No. 8

Profesionalizar y depurar a las policías locales mediante procesos de reclutamiento, selección, capacitación y certificación.

Compromiso No. 9

Hacer más eficiente la investigación y el proceso penal.

Compromiso No. 10

Desplegar operativos ágiles y contundentes dirigidos con precisión a blancos significativos.

Compromiso No. 11

Reforzar la seguridad aduanera para fortalecer los mecanismos de revisión.

Compromiso no. 12

Hacer transparentes las investigaciones sobre denuncias de abusos de derechos humanos. (Todos Somos Juárez, 2010)

Bibliografía: Todos Somos Juárez. (2010). *Avances a los 100 días.* Recuperado el 15 de marzo 2013 de http: www.todossomosjuarez.gob.mx

SUBSEMUN

Se trata de uno de los más importantes subsidios federales en materia de seguridad pública que existen en la actualidad.

¿Qué es?

Es el subsidio federal que se transfiere a municipios y demarcaciones territoriales del Distrito Federal que resultan beneficiados a través de la fórmula de elegibilidad, y que de acuerdo con lo establecido en el Presupuesto de Egresos de la Federación (PEF), debe destinarse a la profesionalización, al equipamiento de los cuerpos de seguridad pública, al mejoramiento de la infraestructura de las corporaciones y –desde 2009- a la Operación Policial y al desarrollo de políticas públicas para la prevención social del delito.

Objetivo.

Del mismo modo en que a lo largo del tiempo fueron generándose sucesivos nombres, tanto los objetivos generales como específicos del SUBSEMUN han venido evolucionando, para ajustarse a estrategias que cada vez respondan mejor a las apremiantes necesidades de la sociedad en materia de seguridad pública. Es así que los objetivos actuales del SUBSEMUN7 han quedado plasmados en las Reglas vigentes, de la siguiente manera:

Fortalecer el desempeño de las funciones de seguridad pública de los municipios y, en su caso, de los estados cuando tengan a su cargo la función o la ejerzan coordinadamente con los municipios, así como del Gobierno del Distrito Federal en sus demarcaciones territoriales, a fin de salvaguardar los derechos e integridad de sus habitantes y preservar las libertades, el orden y la paz públicos, conforme a los Programas con Prioridad Nacional.

Objetivos Específicos

A. Fortalecer los factores de protección de la población mediante intervenciones integrales y coordinadas de carácter preventivo de instituciones públicas, privadas y sociales.

B. Promover una política que incida sobre los contextos socioculturales en donde se desarrollan los factores de riesgo que propician la violencia y delincuencia, desde antes que ocurran los eventos que las detonan.

C. Incrementar los niveles de seguridad y confiabilidad que demanda la ciudadanía, mediante la aplicación de evaluaciones de control de confianza homogéneas.

D. Fortalecer la profesionalización a través del establecimiento del Servicio Profesional de Carrera Policial, así como el equipamiento de los cuerpos de seguridad pública en los municipios y demarcaciones territoriales del Distrito Federal.

E. Apoyar la construcción y mejoramiento de las instalaciones de seguridad pública municipal, a fin de contar con la infraestructura necesaria y adecuada para llevar a cabo la operación y funcionamiento de la policía en los municipios y demarcaciones territoriales del Distrito Federal.

F. Promover el suministro, intercambio, sistematización, homologación y actualización de la información en materia de seguridad pública, así como fortalecer el uso y disponibilidad, homologación y actualización de la infraestructura tecnológica y de telecomunicaciones del Sistema Nacional de Seguridad Pública (SNSP).

Destinos de gasto.

El SUBSEMUN ha tenido tres destinos de gasto que son: la profesionalización de los cuerpos policiales municipales, el mejoramiento de la infraestructura de las corporaciones de seguridad pública y el equipamiento de los cuerpos de seguridad pública. Al igual se incorporaron como destinos de gasto la operación policial y la prevención del delito con participación ciudadana. (SUBSEMUN, 2007)

BIBLIOGRAFIA: SUBSEMUN. (2007). *Que es el SUBSEMUN?* Recuperado el 15 de marzo 2013 de http: www.gobernacion.gob.mx.

Percepción en Cd. Juárez chihuahua.

La percepción que se tiene en Cd Juárez, en cuanto a la violencia e inseguridad ciudadana alcanza grandes proporciones con referencia a las desapariciones y asesinatos de mujeres y a las ejecuciones de hombres y mujeres ligados al narcotráfico, al igual otros problemas que afectan la percepción ciudadanía son como el robo con o sin violencia en este caso se refiere a los arrebatos en las calles, mercados, paradas de autobuses. También están el robo a domicilio, entre otras. Esto es lo que el ciudadano se enfrenta día a día en nuestra ciudad.

La Encuesta sobre la Percepción Ciudadana sobre Inseguridad en Ciudad Juárez (EPCIJ), es un muestreo de evaluación de lo cual genera información confiable y oportuna que surge de la necesidad de contar con indicadores que permitan dar a conocer la magnitud del delito en Cd. Juárez, así como la percepción que tienen los ciudadanos sobre el tema de inseguridad y violencia.

La Universidad Autónoma de Ciudad Juárez, (UACJ) ofrece a través del Centro de Investigaciones Sociales (CIS) y del Observatorio de Seguridad y Convivencia Ciudadana ponen a disposición los principales resultados que arroja la EPCIJ de esta manera se conoce y se analiza la percepción que tienen los ciudadanos de Cd. Juárez acerca de la delincuencia, inseguridad y el desempeño de las autoridades en cuanto a la seguridad pública. A continuación las gráficas:

Porcentaje de la población víctima de delito, 2010 y 2011

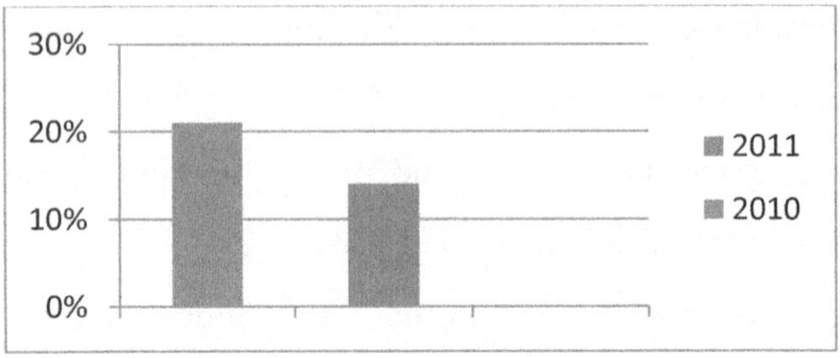

Fuente: Encuesta de Percepción Ciudadana sobre Inseguridad en Ciudad Juárez, 2011 (EPCIJ III-2011). Realizada por el Centro de Investigaciones Sociales (CIS) del ICSA de la UACJ. Nota: se refiere a la población mayor de 18 años.

Razones de la no denuncia de delitos en 2011

Estas serían las razones por la cual la ciudadanía no denuncia los delitos en el 2011.

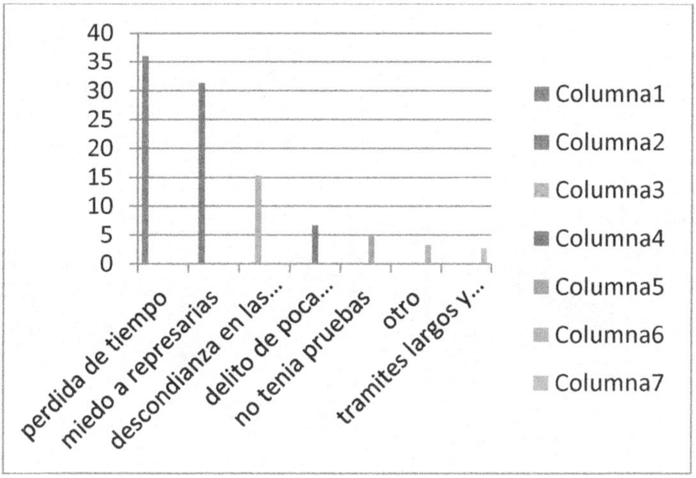

Fuente: Encuesta de Percepción Ciudadana sobre Inseguridad en Ciudad Juárez, 2011 (EPCIJ III-2011). Realizada por el Centro de Investigaciones Sociales (CIS) del ICSA de la UACJ.

Percepción ciudadana sobre la inseguridad en Ciudad Juárez, 2011

A continuación mostrare la percepción sobre la inseguridad ciudadana del 2011 según (EPCIJ III-2011)

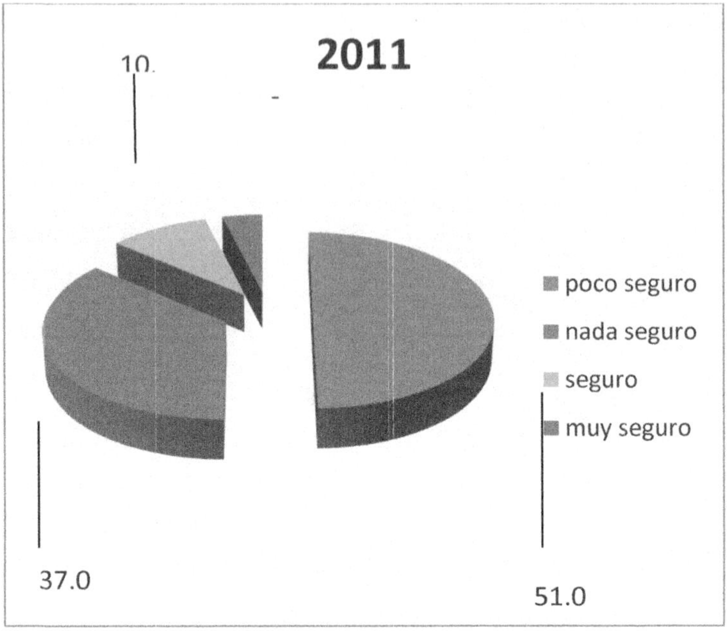

Percepción sobre inseguridad 2010 vs 2011

("Nada Seguro" + "Poco Seguro")

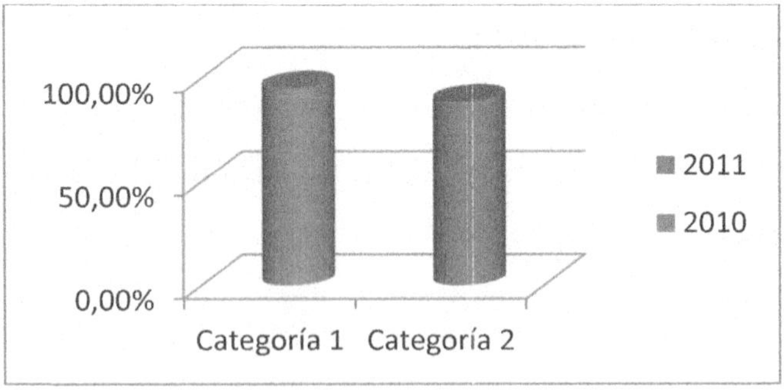

Fuente: Encuesta de Percepción Ciudadana sobre Inseguridad en Ciudad Juárez, 2011 (EPCIJ III-2011). Realizada por el Centro de Investigaciones Sociales (CIS) del ICSA de la UACJ.

Percepción ciudadana sobre los escenarios futuros en materia de inseguridad en Ciudad Juárez, 2011 y 2012.

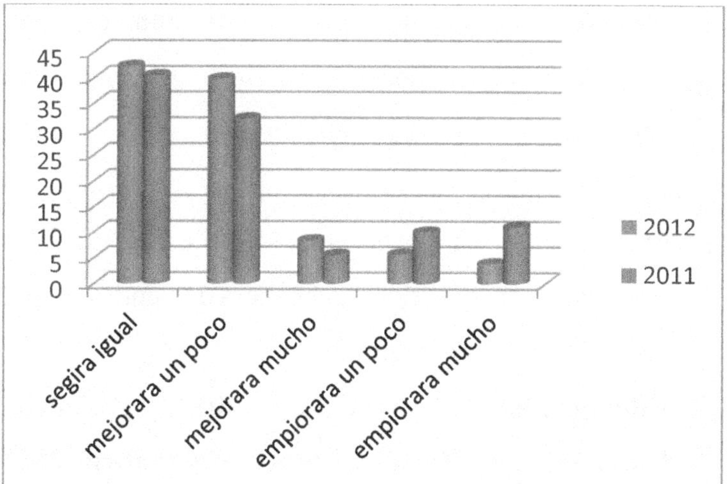

Fuente: Encuesta de Percepción Ciudadana sobre Inseguridad en Ciudad Juárez, 2011 (EPCIJ III-2011). Realizada por el Centro de Investigaciones Sociales (CIS) del ICSA de la UACJ.

Panorama de mazo del 2013 en Cd Juárez.

El mes de marzo del 2013 termina con 45 homicidios dolosos, convirtiendo a este mes el más violento de este año.

Sin embargo, esta tendencia también va aparejada con un aumento en la detención de los presuntos responsables, y la solución en crímenes de alto impacto.

Sin embargo lo que ha aumentado es el robo a casa habitación de lo cual las estrategias cambiaran este mes para atacar zonas y delitos que ya están detectados y evitar que sigan en aumento. (Escalera L. 2013)

En cuanto a este panorama se necesitan mejores estrategias ya que de esta manera los índices irán disminuyendo día a día.

Bibliografía: Escalera, L. (2013). ***Violencia.*** **Univisión 26. Recuperado el 3 de abril 2013 http:// www.kint.com**

Total de ejecuciones desde el 2007 al 2012

2012	541
2011	2mil 086
2010	3mil 116
2009	2mil 754
2008	Mil 623
2007	301

Cifras de las ejecuciones ha resultado del crimen organizado.

Ejecuciones en Cd Juárez.		
Enero	2012	118
Febrero	2012	82
Marzo	2012	105
Abril	2012	108
Mayo	2012	73
junio	2012	49
Julio	2012	45
Agosto	2012	37
Septiembre	2012	48
Octubre	2012	29

Noviembre	2012	27
Diciembre	2012	28
Total	2012	746

(La Red Noticias, 2012)

Bibliografía La red de Noticias. (2012). *Cifras de las ejecuciones ha resultado del crimen organizado.* Recuperado el 4 abril 2013 de http://www.larednoticias.com/noticias.cfm?n=7351

3%C2%A0-%20Translate%20this%20page.

Aplicación Oportuna de Acciones para la Eficientizacion de la Seguridad Ciudadana.

A continuación se señalara algunas acciones que cubren las necesidades y requerimientos de la seguridad ciudadana. Estas acciones se enfocan en:

Promover la seguridad ciudadana, la formación e inclusión de los ciudadanos en los esquemas de control de confianza, dirigido ello a todos los servidores públicos que intervengan en el proceso de la seguridad ciudadana.

Dotar de mayor y mejores elementos, recursos y estrategias de seguridad a los sistemas policiales.

Dar continuidad por parte del INEGI, a las estadísticas que evalúan los índices de inseguridad, delincuencia, de comisión de delitos, victimización y denuncia y que estas a su vez sean de observancia obligatoria para que las autoridades elaboren planes y programas.

Propiciar un cambio en la mentalidad de los integrantes del poder judicial.
La aplicación efectiva de la norma constitucional y en particular la codificación penal. Una efectiva reclusión y readaptación social.

No únicamente los ciudadanos tenemos obligaciones frente al estado si no también tenemos derechos que nos brinda la constitución. El ciudadano puede hacer uso de los mismos y en su caso exigirlos. En medida que los ciudadanos reclamen el adecuado cumplimiento de sus derechos y estos sean atendidos esto será una gran contribución a mejorar los esquemas de seguridad ciudadana.

Otra de las acciones que el ciudadano puede llevar a cabo para contribuir con las instituciones y mejorar la inseguridad. Son aquellas que se desarrollan

mediante la constitución de organizaciones ciudadanas como ejempló:
Asociaciones vecinales o de condominios. Esta accione por menor que parezca, tiende a modificar la perspectiva de los habitantes en su propia comunidad e incrementa las condiciones de seguridad, porque se convierte en una barrera contra las amenazas a la seguridad ciudadana.

Difusión de resultados de acciones y el cumplimiento de metas de las autoridades. La comunicación objetiva de los resultados de acciones es otro acto tendente a mantener enterada a la ciudadanía de los aspectos objetivos, para que cuente con mayores elementos para llevar a cabo juicios respecto al actuar del estado. **(Falta)**

Información Estadística y Geografía e Informática (INEGI) el propio INEGI mediante unas encuestas que realiza sobre el relativo índice de percepción sobre la seguridad ciudadana (IPSP) esta presenta cifras que tiene por nombre encuesta continua sobre la precepción de la seguridad pública (Ecosep) cuyo objetivo es medir la percepción de los entrevistados sobre su seguridad y la seguridad publica en el país así como sus expectativas para el futuro.

Consideró que para lograrlo se tienen que reformar instituciones y recrear acciones, porque no es simplemente un acto de voluntad con lo que se puede resolver el problema de inseguridad y violencia de la delincuencia organizada.

A continuación mostrare una tabla (Ecosep) para darnos una idea de que se trata la encuesta.

Pregunta	Periodo de comparación	Distribución porcentual					
		Total	Mucho mejor	Mejor	Igual	Peor	Mucho peor
do en términos de seguridad pública, n seguro(a) se siente usted en la ad respecto a hace 12 meses (un as)? 1/	May-12	**100.00**	0.29	10.39	33.24	49.25	6.83
	May-11	**100.00**	0.22	6.32	33.32	48.42	11.72
considera usted que será su ad dentro de 12 meses, respecto a l?	May-12	**100.00**	0.24	17.25	51.39	29.35	1.76
	May-11	**100.00**	0.75	13.90	50.39	31.01	3.95
considera usted la seguridad en el país hoy en día comparada ue se tenía hace 12 meses (un año	May-12	**100.00**	0.19	7.39	33.61	54.06	4.75
	May-11	**100.00**	0.07	5.96	27.18	57.94	8.85
considera usted que será la ad pública en el país dentro de 12 especto de la actual situación?	May-12	**100.00**	0.35	17.20	47.67	30.44	4.35
	May-11	**100.00**	0.32	14.21	42.38	36.18	6.91
an confiado(a) se siente usted de solo(a) por el rumbo donde usted re las 4 y las 7 de la tarde? 2/	May-12	**100.00**	3.33		55.90		40.77
	May-11	**100.00**	3.82		53.05		43.14

Fuente: INEGI ENCUESTA CONTINUA SOBRE LA PERCEPCION DE LA SEGURIDAD PUBLICA (Ecosep) 2012.

A continuación mostrare la encuesta que realice en la Cd. Juárez Chihuahua y El Paso Texas con base a la Encuesta que realiza **(INEGI)** Encuesta continua sobre la percepción de la seguridad pública ***(Ecosep)*** 2013. Esta encuesta la realice a 100 personas 50 en El Paso TX. Y las otras 50 Cd. Juárez.

Encuesta sobre la Percepción de la Seguridad Ciudadana.

Hablando en términos de seguridad pública, que tan seguro (a) se siente usted en la actualidad respecto a hace 12 meses (un año atrás)?

Mucho mejor b) mejor c)igual
d) peor e) mucho peor

¿Cómo considera usted que será su seguridad dentro de 12 meses, respecto a la actual?

Mucho mejor b) mejor c) igual

d) peor e) mucho peor

¿Cómo considera usted la seguridad publica en el país hoy en día comparado con la que se tenía hace 12 meses (un año atrás)?

a) Mucho mejor b) mejor c) igual

d) peor e) mucho peor

¿Cómo considera usted qué será que será la seguridad publica en el país dentro de 12 meses respecto de la actual situación?

Mucho mejor b) mejor c) igual

d) peor e) mucho peor

¿qué tan confiado(a) se siente usted de caminar solo (a) por el rumbo donde usted vive entre las 4 y las 7 de la tarde?

Mucho mejor b) mejor c) igual

d) peor e) mucho peor

peor

Pregunta	Periodo	total	Mucho mejor	Mejor	Igual	Peor	Mucho peor
Hablando en términos de seguridad pública, ¿qué tan seguro(a) se siente usted en la actualidad respecto a hace 12 meses (un año atrás)	Feb-2013 El Paso.	100	7	10	22	6	5 =50
	Juárez		4	8	11	18	9 =50
¿Cómo considera usted que será su seguridad dentro de 12 meses, respecto ala actual?	Feb-2013 El Paso	100	15	20	5	7	3= 50
	Juárez		8	10	18	10	4=50
¿Cómo considera usted la seguridad pública en el país hoy en día comparada con la que se tenía hace 12 meses (un ano atrás)?	Feb-2013 El Paso	100	0	2	23	17	8 =50
	Juárez		5	11	4	16	14=50
¿Cómo considera usted que será la seguridad publica en el país dentro de 12 meses respecto de la actual situación?	Feb-2013 El Paso	100	3	8	14	13	12=50
	Juárez		0	10	23	12	5=50
¿ qué tan confiado (a) se siente usted de caminar solo (a) por el rumbo donde usted vive entre las 4 y las 7 de la tarde?	Feb-2013 El Paso	100	0	10	16	14	10=50
	Juárez		0	0	13	30	7=50

Los principales resultados se muestran a continuación:

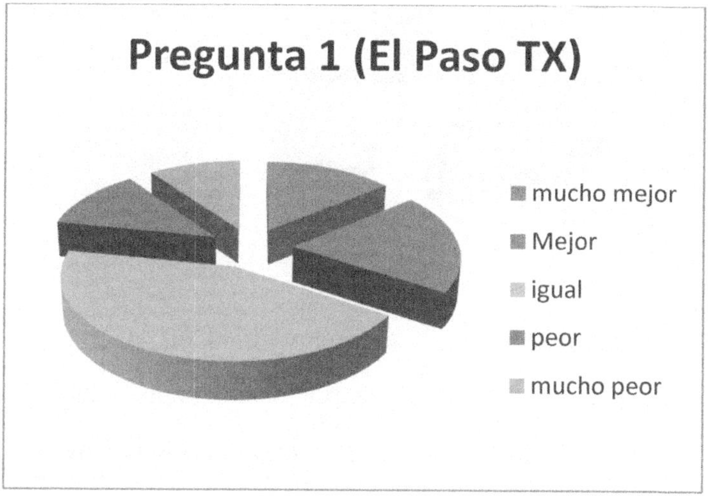

Como podemos ver de las 50 personas encuestadas en El Paso Texas 22 dijeron que se sentían actualmente **Igual** al año pasado en cuanto al a seguridad. Sin embargo 6 personas comentaron que por los acontecimientos lamentables que se están suscitando actualmente como masacres en las escuelas, cines etc. De lo cual no se sienten tan seguros.

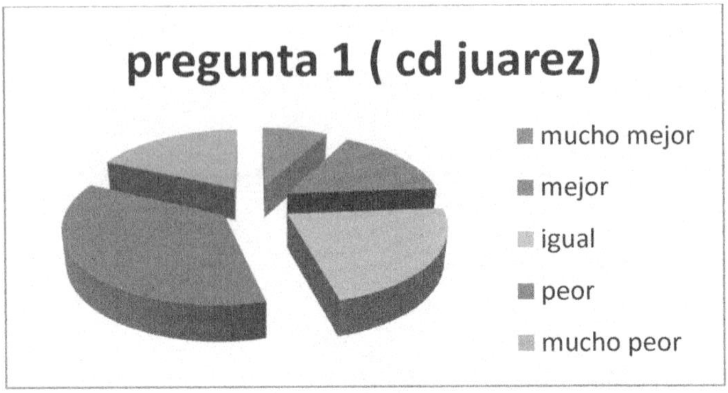

En la misma pregunta que se hiso en la encuesta pero está en Cd. Juárez de los 50 encuestados 18 personas dijeron que se sienten actualmente **peor** al ano pasado en cuanto a la seguridad.

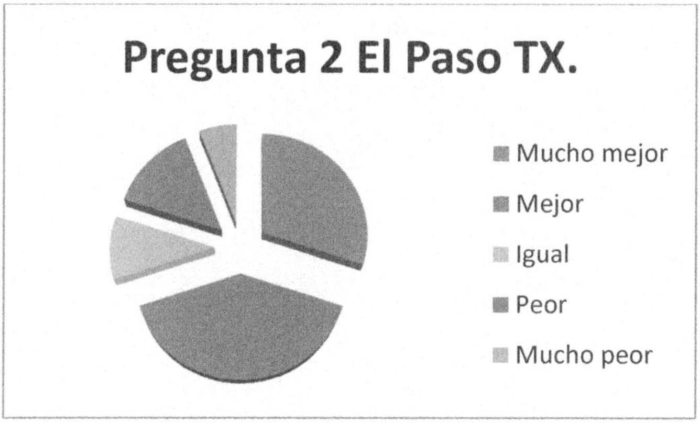

En la pregunta 2 se de los 50 encuestados 20 personas dijeron que la seguridad será **Mejor** dentro de 12 meses respecto a la actual.

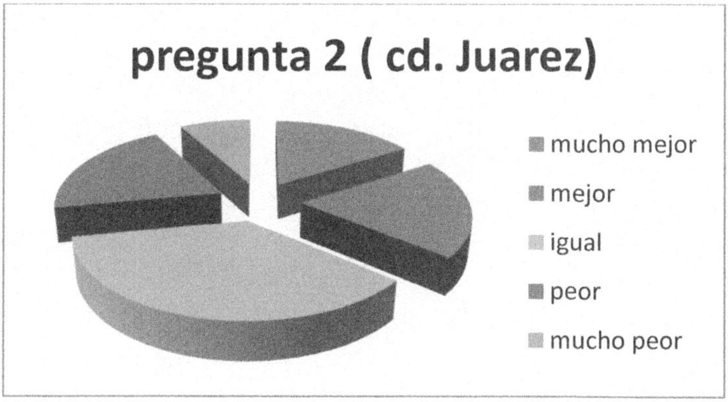

En la pregunta dos como podemos ver de los 50 encuestados en Cd Juárez 18 personas dijeron que consideraban que será **Igual** su seguridad dentro de 12 meses, respecto a la actual.

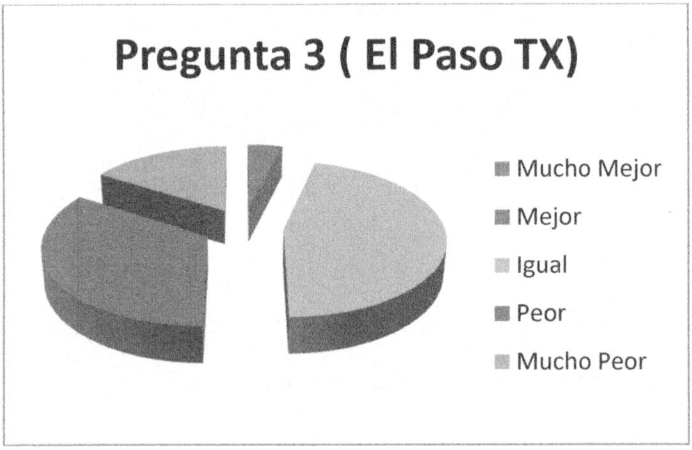

Pregunta 3 en esta pregunta de los 50 encuestados 23 dijeron que consideraban la seguridad publica en el país hoy en día **Igual** comparada con la que se tenía hace 12 meses atrás.

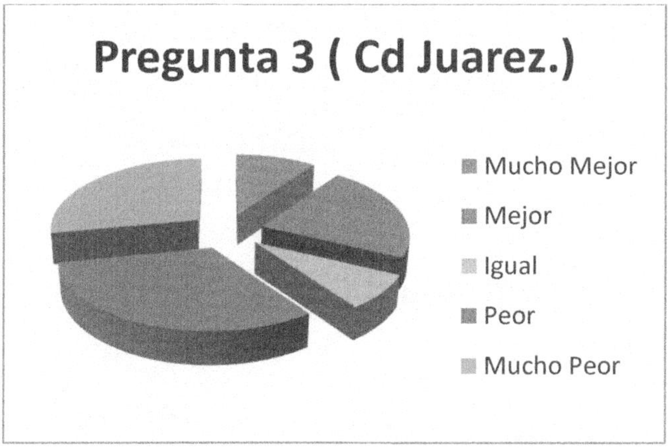

En la misma pregunta de los 50 encuestados en Cd Juárez, 16 personas dijeron que consideraban la seguridad pública en el país hoy en día **Peor** comparada con la que se tenía hace 12 meses.

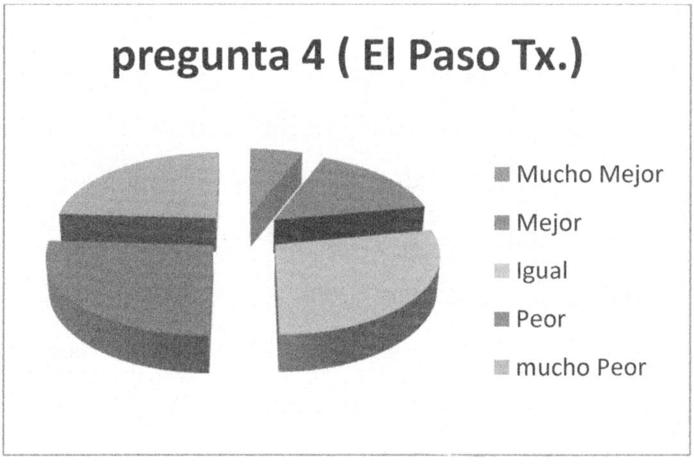

En la pregunta 4 se observa que de los encuestados 14 personas consideraron que la seguridad pública en el país será **Igual** dentro de los 12 meses respecto a la actual situación.

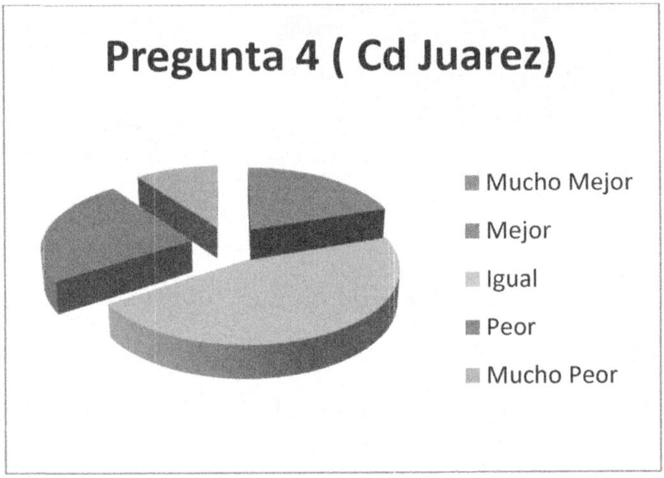

En la misma pregunta pero está en Cd Juárez 23 personas considera que la seguridad pública en el país será **Igual** dentro de 12 meses respecto de la actual situación. Como podemos ver en esta pregunta los ciudadanos de Cd. Juárez y El Paso consideran que será Igual la seguridad pública en sus respectivos países dentro de 12 meses respecto de la actual situación de esta manera entre los ciudadanos no están tan positivos a que mejore la seguridad.

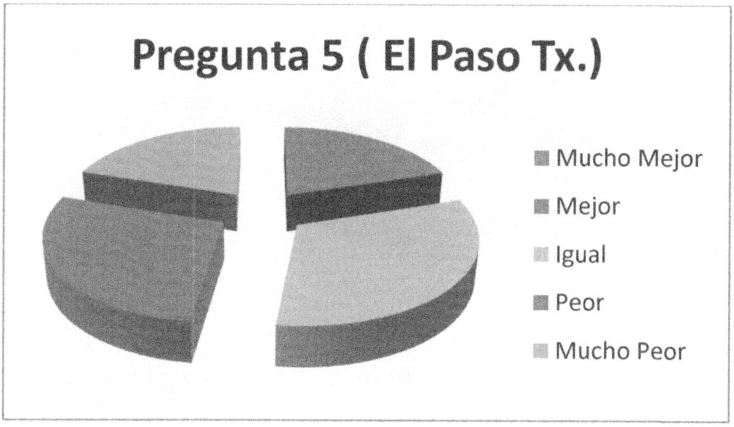

Pregunta 5 en esta pregunta de los 50 encuestados 16 personas dijeron que se sienten Igual al caminar solo (a) por el rumbo donde viven entre las 4 y 7 de la tarde.

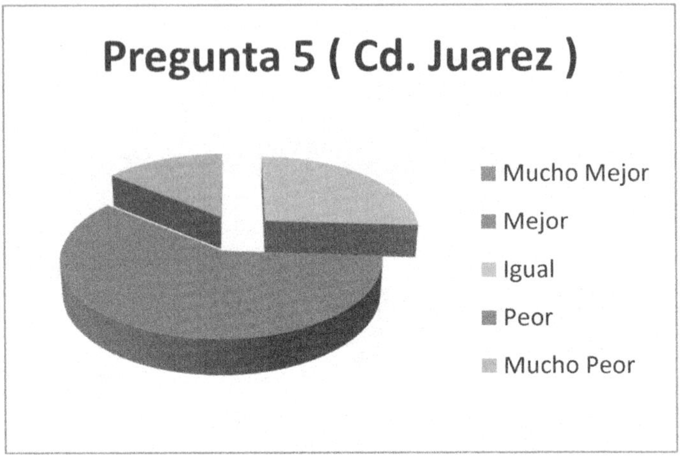

En cuanto a la pregunta 5 los encuestados en Cd. Juárez 30 personas dijeron que se sentían **Peor** al caminar solos (as) por los rumbos donde viven entre las 4 y 7 de la tarde.

En conclusión en ambas ciudades como en ambos países atraviesan sus propios problemas en cuanto a la seguridad e inseguridad y al igual la perspectiva que tiene o que siente el ciudadano en cuanto a este concepto, es diferente.

Guía Ciudadana.

La Secretaria de Seguridad Ciudanía brinda en su página esta guía para que la ciudadanía tenga un mejor conocimiento de cómo prevenir y ser víctima de delitos.

Recomendaciones:

Con tú familia para que ninguno de sus miembros proporcione información personal a desconocidos.

No dejes identificaciones en los llaveros ni dejes las llaves de la casa junto a las del auto con el valet parking.

Informa a personas de tu absoluta confianza los lugares a donde acudirás y la hora en que regresarás.

No comentes detalles tuyos o de tu familia en presencia de extraños o personas a las que no les tengas confianza.

Coloca rejas de protección en ventanas, puertas y domos, así como cerraduras de seguridad.

Establece claves con tú familia y personas de confianza para indicar que se encuentran en peligro.

No proporciones duplicados de llaves a personas extrañas, ni las dejes en sitios fácilmente localizables.

Si extravías las llaves de entrada de tú casa, cambia las cerraduras.

No contestes encuestas ni participes en rifas ofrecidas en la vía pública.

Procura instalar porteros automáticos y/o mirillas en la puerta principal.

Instala lámparas que iluminen la fachada y el exterior de tú domicilio.

No abras la puerta de inmediato cuando toquen, antes de abrir identifica quién toca.

De preferencia contrata el servicio de identificación de llamadas.

No dejes mensajes en la puerta que indiquen que estás ausente.

Los delincuentes se apoyan del factor sorpresa, un conductor distraído se vuelve más vulnerable

Evita zonas conflictivas y de alto riesgo

Alterna las rutas para ir de tú casa al trabajo y del trabajo a tú casa.

No te detengas para ayudar a personas desconocidas en la noche o en lugares aislados y si tienes la posibilidad, repórtalos a las autoridades.

En los semáforos no te distraigas contestando mensajes o chateando, mantente alerta

Identifica lugares seguros para que en caso de una persecución, te puedas dirigir a ellos y evita ir a tú casa para no revelar tú dirección.

En los altos del semáforo, guarda tú distancia del vehículo delantero para que puedas realizar alguna maniobra de forma inmediata.

No subas a tú auto a desconocidos.

Nunca te detengas cuando tu carro sea alcanzado por piedras o cualquier objeto.

No tengas objetos de valor a la vista, no coloques bolsos o portafolios en los asientos.

Reacciona con precaución ante tentativas sospechosas que te induzcan a detener tu carro; si fuera posible, sigue el camino.

Evita caminos obscuros y poco transitados.

Si te asaltan, procura mantener la calma, obedece las demandas del delincuente, no te resistas, no busques el enfrentamiento, es preferible que te alejes a un lugar seguro en donde puedas solicitar ayuda. (SSP, 2011)

BIBLIOGRAFIA: Secretaria de Seguridad Publica. (2011). *Guía Ciudadana*. Recuperado el 6 de abril 2013 de **http://www.sscedomex.com/p/guia-ciudadana.html**

Conclusión

En conclusión la seguridad ciudadana es algo fundamental entre todos los individuos de un país, ya que es nuestro derecho tenerla y sentirla ya que lamentablemente actualmente la mayoría de la ciudanía vive con el temor día a día. Lamentablemente nuestro gobierno en el caso de México no ayuda a que las personas podamos sentirnos seguros sino más bien inseguros ya que no puedes salir de tu casa o salir a divertirte ya que vives con el miedo de exponer tu vida e incluso a tu familia. Muchos de los ciudadanos no denuncian, si llegan a ver algo ya que tienen el temor a que se les tome represarías y esto tenga una consecuencia.

Sin embargo, no todo está perdido en mi opinión si se hacen buenas estrategias esto aportara mucho como se mencionó anteriormente si el gobierno hace una buena formación e inclusión de los ciudadanos en los esquemas de control, de confianza esto dirigido directamente a los servidores públicos esto ayudaría inmensamente. Entre otro, dotar a los sistemas policiacos dándoles mejores recursos y estrategias. Al igual que los ciudadanos puedan organizar entre sus propios vecindarios, colonias asociaciones vecinales aunque parezca insignificante y sin ningún beneficio tiende a modificar la perspectiva de los habitantes de la propia comunidad y con esto incrementar la seguridad ya que se convierte en una barrera contra las amenazas a la seguridad ciudadana.

Por último, todos los ciudadanos tenemos el derecho de sentirnos seguros dentro de nuestro propio país, cada uno de los individuos tenemos que hacer escuchar nuestros miedos y darlos a conocer de esta manera escucharan los que queremos. Pero también, tenemos la responsabilidad de hacer algo por mantener nuestra seguridad y de nuestra familia al igual de este país.

BIBLIOGRAFIAS.

México Unido Contra la Delincuencia A.C. y Consulta Mitofsky. *Decima Encuesta Nacional sobre la percepción de inseguridad ciudadana en México* Marzo 2012. pág. 3.

http://www.sscedomex.com/p/guia-ciudadana.html

http://pdba.georgetown.edu/Security/citizensecurity/mexico/mexico_1.html

http://elinternacionalista.com/2012/11/14/seguridad-ciudadana-en-mexico/

Made in the USA
Monee, IL
08 November 2026

67386987R10218